文化與修養

李亦園 著

目錄

《總序》 7

《序言》 9

《第一篇》文化的意義與本質 11
  第一章 文化的意義 13
  第二章 文化起源的啟示 15
  第三章 文化的累積 21
  第四章 文化的塑模力 25
  第五章 文化的相對性 29
  第六章 文化的內涵 33

《第二篇》物質文化或科技文化的修養 39
  第七章 穿衣的文化 41
  第八章 飲食文化 47
    » 中國人的飲食文化 48
    » 飲食的文化差異法則 51
  第九章 住的文化 59
    » 傳統倫理與居住方式 60
    » 居住方法與身分表徵 64
    » 房屋建築與宇宙觀 65
  第十章 行的文化 69
  第十一章 科技與文化 75
  第十二章 汙染的社會文化觀 85
    » 超自然的汙染 86
    » 社群對立的汙染 88
    » 價值變遷的汙染 89

《第三篇》倫理文化或社群文化的修養 93

第十三章 家庭與文化 95
» 人倫關係與文化特性 96
» 沿續的特性 98
» 包容的特性 99
» 權威的特性 101
» 非「性」的特性 102

第十四章 「父子軸」文化的特殊表現 103
» 視夫妻如父子的行為 103
» 色情文化的根源 106

第十五章 孝的現代意義 111
» 親子關係的角色意義 112
» 角色的特定性與蔓延性 113
» 角色的相互性 114
» 角色的平等性 115
» 教孝的若干原則 115

第十六章 倫理的再擴展 119
» 群己的倫理 120
» 兩性倫理 122
» 教育的倫理 124
» 消費者倫理 126
» 知識的倫理 127

第十七章 人治與法治 129

第十八章 文化與管理 133
» 有沒有中國式的管理？ 135

第十九章 風俗習慣的合理化 139

《第四篇》精神文化或表達文化的修養 145

第廿章 精神文化與宇宙觀 147
» 傳統宇宙觀的架構 148
» 自然系統和諧的宇宙觀 149
» 個人系統和諧的宇宙觀 153
» 人際關係和諧的宇宙觀 156

第廿一章 欣賞素養與文化傳承 159

第廿二章 中國人信什麼教？ 167
　　》傳統宗教信仰的特色 168
第廿三章 祖宗崇拜 171
　　》祖宗崇拜的社會文化意義 171
　　》祖宗崇拜的形式 174
　　》祖宗崇拜的現代社會功能 176
第廿四章 神靈與鬼魅 181
　　》神與鬼的分野 181
　　》祭品的象徵意義 183
第廿五章 宗教抑迷信？ 189
第廿六章 算命占卜的文化觀 195
　　》占卜的種類 195
　　》自然訊息的觀察 196
　　》人為操作的溝通 199
　　》占卜的社會功能 205
　　》中國占卜發展的源流 211
　　》中國占卜的特色 217
第廿七章 童乩抑神棍？ 221
　　》童乩是什麼？ 221
　　》是不是真有神附體？ 223
　　》童乩真能治病嗎？ 226
　　》什麼人去作童乩？ 229
　　》對童乩現象應持的態度 231
第廿八章 說儀式 235
　　》世俗儀式 237
　　》神聖儀式 244
　　》虔信教派 249
　　》儀式與文化法則 251

《結語》 **255**

《建議參考書目》 **259**

總序

　　人文及社會科學係在探討人的價值、觀念、生活方式、生活態度與存在意義等問題的學科。就教育立場來說，則在培養學生認識與陶冶人的本質，充實其生活，美化其人生，以符合人類生活的目的。本部有鑑於人文及社會學科之重要，並考量目前高級中學人文及社會科學方面之課外讀物較少，經於民國78年四月間商請國立臺灣師範大學楊主任祕書昌年、人文教育中心張主任芳杰及國立清華大學人文社會學院李院長亦園分別負責編輯高級中學人文叢書、高級中學社會叢書，並承三位先生鼎力協助，敦聘國內知名學者專家參與撰寫工作。

　　人文叢書編撰範圍涵蓋國學、中國文學、西洋文學、史學、輿地、音樂、美術等方面；社會叢書將編有道德、文化、教育、法律、政治、經濟、社會、邏輯等方面之書籍。上述叢書自民國78年度起至82年度止，為期五年，每年出書各十冊，五年共計一百冊，提供各高級中學學生於課外閱讀，期以拓廣學生視野，啟迪其智慧，陶冶其心性，進而提升學生的人文素質。

　　本叢書之出版，特別感謝李前司長建興先生的策畫與指導，國立臺灣師範大學楊主任祕書昌年、張主任芳杰及國立清華大

學人文社會學院李院長亦園等三位先生的大力支持,以及參與叢書計畫之各位教育界先進貢獻智慧,使本叢書得以順利完成,並承幼獅文化事業公司慨允出版,得以付梓,藉此一併致謝。

吳清基 謹識
中華民國七十九年十二月十日

序言

這是教育部委託編輯給青年學生閱讀的社會學科叢書之一卷。我當時擔任國立清華大學人文社會學院院長，負起主編的責任，許多人社院的同事幫忙分擔撰稿，因此我自己也在忙中承擔寫這本《文化與修養》的小書。

我寫《文化與修養》的目的很簡單，只是想從「生活文化」的觀點來指出在經濟繁榮的社會裡，應該具有什麼文化的素養，才能生活得更有意義，更有文化的氣息，而不至於有暴發戶之譏。因此書中的討論都是用通俗的文字表達出來，同時所用的例子，也都是日常生活中所碰到的實例，希望能容易為讀者接受與通曉。不過全書中，我仍然把我數十年來研究「文化」以及中國「民間文化」的兩大理論架構用淺出的辦法容納於其中，所以在通俗中也隱藏著較深層的理念。因此我相信本書不僅可供青年學生閱讀，也應該可供一般民眾參考，尤其對初學社會與文化的人，也可作為一本入門的導讀。

本書因為是一本通俗的小書，所以沒有把引用別人的論點一一加以註明，只有在書後列出重要參考書目，以供讀者進一步參考之用。

本書原稿完成於兩年前,其間因編纂印刷的緣故,至今才得以問世,編者在匆促中要求增加一篇序言,所以草就這篇短序,而我寫這本小書的更詳盡動機,已在本書結語部分說得更清楚了,請讀者自行翻閱。

李亦園
1995 年耶誕節 於南港中央研究院

第一篇
文化的意義與本質

第一章 文化的意義

「文化」一詞，在我們中文的原意為「人文化成」，來自《易傳》「觀乎人文，以化成天下」一語，其意義在鼓勵人們發揮人文素養，提升道德精神，發揚藝術創造，並進而以這些人文的成就來教導民眾、轉化世俗，使成為有文明而尊重人性的社會。最早把「人文化成」轉為「文化」一詞的是漢代的劉向，他在《說苑》一書中有一句話說：「凡武之興，為不服也；文化不改，然後加誅」，其所指教化的意義也是一樣的。

十九世紀末年，西方思想傳來，翻譯者把「文化」一詞用來譯指英文的 culture 一字，可以說相當恰當，因為其涵義確很接近。按 culture 一字來自拉丁文的 colere，其義含有栽培、培養的意思在內。所謂栽培、培養的原義是指藉人工的努力使動植物超越自然的狀態，而成為合乎人類理想的境界與狀態，這也就是所謂 cultivation（耕耘）之意。後來栽培、培養之意又轉而指教育、訓練人類本身使之脫離自然本能的階段，而成為有素養、有修養的人，因此其教化的涵義也是很明顯的。

近代人類學的興起，對文化 culture 的界定及其研究有更明確的展現。人類學家所說、所探討的文化是指人類共同活動所創造出來的所有產物，這些創造出來的產物，不但包括人們所用的工具、社會生活所賴以維持的典章制度、精神生活的種種藝術產品，同時也包括創造過程中諸多人類心智活動的歷程。

因此人類學家研究文化，不僅探討文化的出現與源始、文化的累積與傳播、文化的拓展與豐富，同時更重要的比較研究不同的民族在各自創造自己文化的過程中，如何藉人文活動的拓展，使其成員更其人文的素養，使其群體更具道德精神，使其藝術創造更具豐富的意義。因此文化的探討，不僅是要瞭解文化為何物而已，而是要藉這瞭解文化的行動中，使我們更具人文的修養，使我們從依賴本能生活的普通人，提升為富有人文精神的「文化人」，這也應該就是「觀乎人文，以化成天下」的本義。

第二章 文化起源的啟示

　　前文說文化是人類創造出來的產物，但是換過來說，有文化卻也是人類所以為人類的特徵。人之所以為人，就是因為他有文化，人類與別的高等動物之不同，最主要是因為人類有文化，文化之出現是在人類與動物中的猿類共祖時代的末期開始分歧出來之時，而其間卻是由一種很巧妙的變化所形成的。大約在兩百萬年以前（甚至更早），當人類的祖先剛剛要擺脫人猿共祖的時代，這個時期可以說是人類進化過程的關鍵時期，也是文化出現初胚之時。這一文化初現的背景，根據現有的資料顯示，可能是在非洲大陸的東部（現在最早的人類遺存是在東非發現的），而促成此一進化史上的重要活動，可能是因為氣候的變化，使東非一帶引起乾旱，所以大部分的林木都不存在了，而像猿類一樣的人類遠祖原來也是生活在樹上的，卻因為樹林的消失而不得不下樹而生活於平地上。經過長久行走在陸地上後，他們就再也不能像先前一樣地以手攀枝或垂手拱背行走（這種行路的姿勢直到今日還都是猿類的特徵），而漸漸養成直立走路的習慣，這一直立的狀態，便是人與猿在生物性的形體上最大的差別，所以一般均視之為導致人類與靈長類（猿類）分道揚鑣的主因。直立的狀態，像一切生物性上的演變一樣，是偶然發生的，然而它卻與人類文化的進化有極大的關係。

　　從體質上說，直立的姿態，使得人上半身的重量必須轉由

盆骨及雙腿來支撐，盆骨也因此而逐漸由橫狀變成直狀，且盆骨中間的盆骨孔也隨之變小，這樣一來，人類的嬰兒在母胎中發育一到五官俱全而軀體還孱弱時，就必須落地出生，否則體積一增大，便無法通過變小的盆骨孔降世。這一偶然的因素造成人類的胎兒必須以未成熟的軀體降世，這也是人類與其他動物最大的不同處。很多動物生下來不久就能自己走動，人卻要生下來八個月才能爬，一歲多時才會說話，而要完全成人，則要十來歲以後，這項差異，對人類來說，是幸也是不幸：不幸的是必須經過長期的養育，人才能成熟、獨立（一般動物出生之後至多一年便能獨立覓食，人則必須到五、六歲以後，才會自己找食物吃）；然而有幸的是，正因為人必須在母體之外養育，人才因而能擁有足夠的時間跟上一代的人學習語言與文化，而把複雜的文化傳遞下去，而下一代也才能吸收上一代的文化，如此代代相傳，文化才有進步發展的可能。

　　如果不是因為非洲氣候引起變化或是因乾旱偶然起了一場森林大火，人類就不可能下地而直立，也就像其他動物一樣，出生不久就可以離開母體而獨立，因此就不能學習語言，也就吸收不了上一代的文化。當然，生物進化與文化進化的關係並不這麼簡單，它們原是層層相關的，由於以弱小的身軀出生，又必須留在母親身邊接受教育，人類便產生許多身體上的特異點。這一連串演變的過程並不是在短時間內完成的，單單從垂手弓身行走變成直立行走，就不知經過幾十萬年的進化時間。進化的過程其實並不是外在狀態的轉變，而是內在遺傳因子頻

率的變化，而後顯現於外在的形體上，然後才會使人有異於一般的靈長類的形狀。人類的嬰兒有較長的養育教導期，長期的教養才會學習說話，而語言的形成卻又反過來幫助發展腦力。人類的頭腦並不是一開始就像現代人一樣複雜，根據北京人的化石研判，雖然其腦容量已接近現代人的腦容量，但從其留在腦殼上的紋路來看，他們的頭腦結構仍比我們簡單許多，也許他們的語言能力就尚不及我們現代人。

　　但是，上述這一過程雖很關鍵，卻還不是文化出現的實質部分。當人類祖先離開樹上而下地行走時，除去在姿勢上逐漸直立外，另一重要的現象也伴隨出現，那就是雙手也同時從忙於攀抓樹枝的動作中「解放」出來。雙手的解放可以自由行動，是另一個重要的功能改變，那就是使雙手可以自由地拿東西，包括握棍棒、拿石頭，以及進行削、敲、擊、打等動作，這些便是製造工具、利用工具的根本條件。確實也是如此，人類自下地之後，不但雙手解放可以做工具，而且也因為在地下比樹上更需要工具以防禦及取得獵物，所以製造工具也就在此時開始，而工具的出現也正是人類製造出文化的肇始，因為如我們在前面所說的，工具是人類所創造的文化——物質文化的典型代表物。

　　但是人類的製造工具，並不是一下子就可以製造出很精細的工具的，而是經過長久的演進逐步改良而成的，就如最古老的舊石器，就遠不如新石器來得細緻而均衡。在這演進的過程中，手腦與其他器官跟工具的進步形成相互促進的狀況是非常

重要的現象。人類的手從不攀樹而下地行走之後,並不是一下子就如我們現在的手那樣自如地可以握住東西,其間是因為不斷地訓練自己製造工具、利用工具,然後手的抓握功能,才逐漸進化改進。然而手的功能逐步改進,也不是單獨進行的,因為人類器官的功能是有機關聯的。手的功能演進,最主要的是同時引起腦部結構的演進,手的功能愈精細,腦的結構也配合得愈複雜、愈均衡對稱。譬如在石器工具的製造過程中,舊石器時代早期的石器不但打剝粗糙,而且形狀不均衡對稱,舊石器時代後期的石器就顯出不但打剝細緻,而且對稱線優美。到了新石器時代,石製工具更是磨得極精緻,而與金屬工具很類似了。這一演化過程中,人類一方面逐步改進工具的製造,一方面又無形中影響了自己器官的結構,包括手腦等部分,逐步改進,而手腦結構功能的改進,又促進工具的精細改良,所以這三者之間,實際上是形成一種互為促進成長的相互辯證關係。英國著名的考古學家柴爾德(V. Gordon Childe)有一本經典名著《人類創造自己》(*Man Makes Himself*, 1936),就是描述人類如何在成為直立的動物後,藉工具文化的創造而形成現代文明的過程。

　　從前述的這一過程中,我們可以很清楚地看出,人類文化的出現確是非常複雜的,但是當文化出現後卻又反過來影響人類。換言之,人類的身體與文化之間確存在著一種相互影響、相互促進的辯證關係。人類靠他的語言傳達意見以及他的手製造工具,語言的不斷練習、手的不斷操作,因而也促進腦部的

精緻化,也就是腦力的不斷進化、智慧的不斷增進;而當腦力不斷增進時,也就促使語言更形複雜以及工具的製造更為精細,這也就是柴爾德所說的「人類創造自己」的真諦。從這一辯證的過程我們似可以得到一項很重要的啟示,那就是當人類的手不再操作、不再勞動了,人類的腦力就不再增進了嗎?也就是說人類的智慧就不再發展了嗎?這對整個人類來說,確是一個非常嚴肅而應加思考的問題。

第三章 文化的累積

　　上一章我們探討了文化的源始，下面我們則要把文化的累積與普遍化加以闡述，這樣才能對文化的整體性有所瞭解。我們研究文化，不能從文化的中途開始，它必須追溯到人類文化最早的階段，從而沿著時間的軌跡一步步追溯下來，如此才能對文化的發展、文化行為的規則有一個整體性的瞭解，不致流於斷章取義。譬如歐美諸國經常自稱為文明的創造者，這種立場如從文化整體的發展來看卻未必是正確的。當然，今日的科技文明來自於歐美文明的說法應無可厚非，但是科技文明卻是人類文明後期的發展，從整體的歷史來看，如果沒有早期文明的發展，人類文化是無法進化到現有階段的，而對於文明早期的發展，歐美文化卻是少有貢獻。

　　從文化整體的立場論，人類文明發展的關鍵不在於現今的科學發展，而在於發明植物的種植與動物的飼養，這也就是一向被稱為「產食革命」（Food Production Revolution）的階段。人類假如不懂得種植植物、飼養動物，文明便無從產生，人類可能永遠只停留在打獵採集的階段，那就是生活在一種原始的狀態下，完全依賴於自然，不能自己生產，也就沒有足夠的食物供給更多的人生活，只能維持人數極少的群體，而無法發展成較大而複雜的社會，文明也就無從出現了。所以種植和馴養的發明是人類文明進展的關鍵，這關鍵與歐美文明實在並不相

干。但產食革命的種種發明也不是那一個民族單獨發展出來的，而是由世界上七個不同的地區分別發展出來的，如果沒有考古學家的研究，我們便無從瞭解這一人類文明發展關鍵的真相。考古學家告訴我們上述的七個地區分別是今天的中東、近東、中國北方、東南亞、東非、南美洲的祕魯、中美洲的墨西哥與美國的西南部。

　　大約公元前八千年左右，亦即距今約一萬年以前，在兩河流域的北邊，也就是靠近小亞細亞南邊的山坡上，有一些人開始懂得用人工的方法培植大麥和小麥，開始養馬和山羊，這是因為在小亞細亞南邊有野生的大麥和小麥，當地的人撿這些原種麥子來吃，帶回家來後慢慢地發現掉在地上的原種會長出麥草來，一段時日之後也就能結出粒種來供給人食用。於是，在這發現之後，人類逐漸發展把麥子變成可以用人工培養的作物。其實要學會種植實在不是一件容易的事，野生的小麥和家生的小麥差別極大，在小亞細亞一帶，野生的小麥有兩種，一種是einkorn，有七個染色體，一種是emmer，有 14 個染色體，這兩種野麥原種在成熟之後，麥粒都會自然掉落土裡，麥種會掉落地裡的麥子對其自身的繁殖有用，但對人類採食就非常不利，因為撿拾需要更多的功夫和時間。當時的人不知道在什麼情形下發現這兩種野麥交配了以後，成為小麥新品種（21 個染色體），而這新品種的小麥所結的麥粒形成穗狀，成熟時種子不會掉落地面，可供人們連根收割回家再打下穀粒食用，這就是家生麥子的起源。若從繁殖的角度看，這類小麥也許對人類有

益處，但是由於它在成熟時已不會自動脫落，因此如沒有人類作為中介，對小麥本身的繁殖則有不利之處。所以，我們現在食用的小麥品種是經過無數次的試驗和培植，才將其由原先利於小麥之自然繁殖的品種，改良為利於人類收割食用的品種。大麥、小麥之成為人類的作物，由野生植物變為家用植物，是經過長久與自然環境的奮鬥，才成為人類文化的一部分，其他作物亦然，而在此一基礎上，它提供人類靠自己力量生產食物的開始，因而擺脫完全依靠自然的狀態，這才使今日科學文明有出現的機會。

在其他的文明發源地，亦各有其對人類文化演進的貢獻。東亞地區的黃河流域是世界上最先種植小米、大豆的地區，並懂得畜養雞和鴨等家禽。長江流域以南的東南地區則是塊根植物如芋頭及香蕉的發源地，並且開始畜養豬等家畜，同時也應該是最先種植稻米的地方。在北非和東非，最早種植的作物有高粱、珍珠稗（另一種小米），畜養的動物則有牛和駱駝。美洲新大陸在白種人發現以前也已有相當高的文化，甘薯與樹薯是南美洲土著最先種植的，哥倫布發現新大陸後才由美洲傳入歐洲及其他各地。南美印加帝國（Inca）的人最先飼養美洲駝馬與駝羊；墨西哥的馬雅（Maya）人首先為人類帶來了玉蜀黍、南瓜、豆類的種植，同時也為人類開始豢養聖誕大餐用的火雞。北美洲印第安人的祖先最早種植向日葵，並用葵瓜子磨粉作主食。上述種植穀類與飼養家畜的發明是經過考古學家與古生物學家長久研究才確認出來的。這七個人類產食革命的起源地，

對早期文化的進展確有很重要的貢獻。每一地區貢獻其發明，然後匯集在一起成為人類共同的財富，所以今天世界每一地都共享人類所有的發明。從這觀點看，人類的文化不是某一民族的專利，而是具有整體性的，世界上各民族都有其或多或少的貢獻，匯聚累積下來，才能成為今日人類全體的文明。

從上面文化累積的故事所得到的啟示，使我們應該會有一個較寬闊的世界觀。從各種作物與家畜的源起看來，人類的文化是整體性的，共同累積而成。沒有一個民族可以說他是最優越的，沒有一個民族可以說他們的文化是完全自己創造的。我們中華民族對世界文化固有很重要的貢獻，但是別的民族也貢獻不少。從這些故事中得到的啟示應該是：我們固不必太強調自己民族的優秀，但是更重要的，也不必因面對西洋現代文化的優勢而感到自卑，西方文明在今日的世界中雖佔優勢，但在過去他們卻是貢獻不多的，而在長久的將來，更未必是唯一領導者。只有在人類共同文化發展的目標下，各民族努力在自己的文化軌跡上創造新歷程，不驕縱、不自卑，勇往直前，這才是健康的現代人所應持的態度。

第四章 文化的塑模力

　　文化的出現是很曲折奇妙，但是出現之後，卻又對人類構成很大的影響。人類創造文化原本是為了增進生活的舒適，結果卻也深受文化的束縛，一舉一動中都表示出文化的影響力，不同文化薰陶下舉止就有差異。例如見面打招呼的方式，各文化就有差異，中國人鞠躬或拱手，西洋人握握手，愛斯基摩人則是互相摩擦鼻子；同是招呼問候，但由於文化之塑模而有相異的表現。同類的生物體都有相同的生物本能，然文化的塑模使本能的表現不同。譬如進食乃任何動物都必需的，可是人類有了文化塑模之後，在進食習慣上就產生極大的變化。本來進食是隨時可進行的，餓了就吃，但自從文化規約出一天吃幾餐與每餐進食的時刻，漸漸地形成一種現象，不到規約的進餐時刻就不會有飢餓的感覺。又如北方人喜麵食，愛吃饅頭、麵條等，南方人則非要吃米飯，否則不感覺飽，兩者間的差異也是文化塑模的影響。

　　再進一步說，生物共有的性本能，在其他動物是任意發洩，而人類則深受文化的影響與約束，例如性本能的表達上，人類不但受倫理的約束，而且與審美觀有極密切的關係。不同文化有其相異的審美觀，即使同一文化，審美觀也常因時代而變易。在我們中國，漢代的人欣賞「燕瘦」，唐代的人則欣賞「環肥」，現代的中國人受西洋的影響，已經以三圍尺寸作為審美的標準！

至於談到兩性之間所必有的嫉妒現象，其深淺程度也因文化差別而有不同。例如分布在臺灣南部高屏、臺東一帶的排灣族，其文化習俗在婚後夫妻間必須彼此忠實，但婚前卻允許男女雙方擁有自己的異性朋友，甚至在婚禮中，男女雙方以前的異性朋友都可以列席參加、甚至痛哭話別。行完婚禮後，新郎、新娘必須先向自己婚前的異性朋友敬酒，而後再與配偶對酌，這並非意謂排灣族青年男女的嫉妒心較小，他們婚後性關係的排他性亦極大，只是其婚前的排他性則小，這明顯是文化塑模的結果。由此可見性本能也會受文化的約束，其約束力甚至大到使一民族與另一民族不一樣。又如高山族擅長唱歌，也許他們的歌喉經長期文化塑模而比平地人好，但造成他們歌唱得特別好的主因，則在於文化的薰陶使他們把豐富感情融入歌聲中。文化的薰陶塑模，其力量是相當強大的。

　　更進一步觀察，我們發現，文化的塑模不僅能改變本能，甚至也可造成兩性間的差異。兩性差異究竟是體質差異呢？還是文化的塑模使然？這問題常引起很大的爭論。婦女運動者認為兩性差異肇因於文化塑模者大，體質差異者小，但是一些生物學家卻認為兩性間確實有明顯的體質差異。例如，男性肌肉結構就比女性粗壯得多，這使得女性適於從事輕便的家務事，男性則必須承擔粗重的生計。文化的塑模和生物性的差異，兩者孰為重要呢？這一直是人類學家常討論的問題。大部分的文化人類學家認為這兩個影響因素同等重要，長久的文化塑模足以改變體質，新的體質又能促成新的文化型態，兩者間有互動關係，

不能遽爾區分，有一明顯例證可支持此說法。美國著名的女人類學家米德（Margaret Mead），她非常關心文化對男女兩性的塑模力量究竟有多大的問題，她曾到太平洋中的新幾內亞島（New Guinea），觀察研究當地土著的兩性關係，找出了可以解答這個問題的一些事實。她發現新幾內亞島上的三個土著民族：阿拉巴斯（Arapesh）、孟都古莫（Mundugumor）和潛布里（Tsambuli）等三族居住的環境很接近，卻表現了三種不同的兩性關係。阿拉巴斯族的男女性格與氣質無甚差別，男人從小就被鼓勵不要過分好強，也不要欺負別人，長大後，男女在家庭中做同樣的事，男人也可照顧孩子，夫妻間相處甚為和樂，兩性關係很和諧，生活平靜而安詳，社會中極少有異常行為存在，彼此間斯文有禮而合作，少有侵略行為發生。孟都古莫族的情況則相反，男女性格都強悍，是著名的食人族，凶暴的男人成日不做事，只從事一些宗教儀式與戰鬥之類的行為。女人也凶悍無比，嫉妒心強、自私、有侵略性，男女表現都相當粗線條。潛布里族男人的性格與孟都古莫的男人性格恰恰相反，他們平日愛打扮自己，以吹簫、跳舞來討好女人，一切社會與家庭的工作都由女人擔負，因此女人不論在家庭或社交場合的生活中，都是採取主動者，男人則是被動的取悅者。從這三族不同的兩性關係所表現的現象，米德女士獲得一項結論：那就是雖然兩性差異有生物上的基礎，但造成兩性角色、地位、性格與氣質之不同的最大力量，應屬文化的塑模力，它有時甚至會大到影響整個社會的活動，使不同文化的民族將其舉動視為怪異、可笑與不可理解，然而本族人置身

其中,一切視為當然。這就又涉及文化的評估問題,當我們想要瞭解異民族的文化時,實應站在與對方一致的立場上來求瞭解,切忌以自己民族的標準來衡量別的民族。

從上文有關文化塑模力的故事中,我們不但可以瞭解較正確的對待不同文化或不同族群的態度,我們也有更正確的兩性觀,這些正確合理觀念的存在,都是現代人所必備的,我們在下文若干章節中,會再加以發揮。

第五章 文化的相對性

　　上面說到對待別的民族文化時，不應以自己的標準來衡量別人，這種態度就是來自文化相對性。所謂文化相對性的意義，就是說文化的高低、好壞，風俗習慣的鄙陋與否，應該從該民族的內在文化去評量，而不能用其他民族的標準、好惡去判斷。因為一種風俗的存在，必有其存在的道理，假如不能從這內在道理去看，就難免會有偏見或錯誤的評估，許多民族與民族之間的誤解與糾紛，大半都來自這種偏見與刻板印象。下文我們再用一些人類學中常見的例子來說明。

　　在巴西亞馬遜流域的印第安土著中，流行一種很奇怪的風俗叫couvade，一般稱之為「產翁」，這是當地人有關生育子女的特殊風俗：當妻子生下嬰兒之後，不是由她在家中「做月子」，而是丈夫代替她做月子。做月子的丈夫就被稱為couvade「產翁」。在我們中國人的風俗中，妻子生小孩，當然是由妻子做月子，因為藉此可以進補調養，恢復分娩時所消耗的體力，這是很自然的事。所以由此觀點來看，「產翁」的風俗實在是不可理解的奇風異俗，因為丈夫既未分娩，何用做月子調養？然而我們若從另一個角度去理解，就可發現所謂調養的想法，只是我們中國人的風俗，未必是必然的行為，而亞馬遜印第安人的風俗，如果從他們的立場去探討，卻也有其道理所在，甚至更有其深度的社會意義，未必就比我們的風俗差，有時甚至

可以說是一種很好的文化設計。

　　原來亞馬遜印第安人看待生育小孩是從人際關係的立場去思考，而不是從個體調養的立場出發。讓我們從「生命關口」的觀點說起：人從出生到死亡要經過許多人生的必經階段，這些階段在文化學上稱之為「生命關口」（life crisis）。每一階段經常有困難與危機必須跨越，如果過渡得不好，就會產生不良後果，尤其由少年進入成年的階段更是如此，這也就是少年犯罪特別嚴重的原因之一。在人生各種不同的階段中，最重要的階段是從無社會責任變成有社會責任。從一個依賴的、沒有建樹的人要變成一個能獨立而有建樹的人，這是不太容易的，因此進入此階段的初期，往往要費很大的勁才能達成心理適應。當遇到第二天就要突然成為父親或母親時，在心理上實是突如其來，需要調整才能適應。況且這並非僅是個人的問題，也是社會要處理的事情。例如一個人作了父親，擁有了子嗣，他就有權繼承財產，相對地，就有其他相關的人減少了一筆財產。於是人際關係會因財產誰屬而緊張起來，其間的社會關係因而大有變化，面對此一局面，當如何圓滿度過，確實不是件容易的事，所以很多民族都將初為父母親的階段列為「生命關口」之一。就如人類劃分種族異同一樣，人也把他的一生分割成許多階段，由於階段之過渡很重要，又需費很大功夫才能調適得當，實在必須用一種儀式性的辦法藉以順利度過此關口，如果我們能設計一種儀式，使少年人透過它而順利進入成年期，則社會上的少年問題可能會減少許多。

亞馬遜印第安人很看重為人父這件事,因此該社會中感到為人父這一關特別難過。因而想出一個辦法,使為人父者在關鍵時刻給他一段心理適應的時間,就是讓他做月子,使他有一段空白時間不與外界往來,而在一個月後再以新姿態出現在大眾面前,好讓別人承認他的新角色。同時,做月子這段時間也具有分界的意義,顯示前後兩個階段的不同。人類為了說服自己與說服別人相信事件的前後是兩個不同的階段,便設計這段空白作為分界的象徵,由此一行為看來,人類實在又可稱得上是一種象徵性的動物(Homo symbolicus),這種象徵性的動物經常利用種種象徵的人為儀式作為人生各個不同階段的分野,「產翁」就是這一種象徵性的儀式。

除了產翁的風俗是一種象徵行為外,我們也可從許多風俗習慣中找出與產翁具有類似意義的例子。例如,臺灣鄉下在定期大拜拜之前都有幾天齋戒期,齋戒期間大家一律不准吃葷,如若犯戒,就會引起公憤。為何會有齋戒不吃葷的禁忌呢?因透過齋戒期來表示拜拜的日子是神聖的,不同於平常的日子,二者不容相混,所以用齋戒作為象徵神聖與世俗日子的分野。

從上文的描述中,我們可以看出文化內在法則的作用是多麼巧妙,而一般人要從風俗習慣的外表去判斷別人的文化、習俗的好壞,實在是不能隨便信口而斷定的,所謂文化相對的意義就在於此,而瞭解文化相對的人,就應該對異民族的文化特別謹慎,應該深入理解其內在道理,等到你理解其道理之後,你不但不會誤解它,有時反而可以欣賞它,就如欣賞「產翁」

的社會地位緩衝功能一樣的,發現別的民族並不笨,他們也是很有巧妙思維的人啊!假如人人都能體會這種文化相對性的意義,那麼民族的偏見就可大為減少,種族的衝突就可避免,人類和睦相處的機會就會大增。

第六章 文化的內涵

前面幾章中我們說到文化的起源、累積以及文化的若干性質，但是實際上我們尚未明確地說明文化是什麼？本章開始我們就要較明確地說明文化是什麼，並且要用較具體的方式闡述文化的內涵，然後再從各項文化內涵出發，更一步探討如何藉文化的瞭解以增進個人與群體的修養。

要具體地瞭解什麼是文化，最方便之道是從英國哲學家羅素（Bertrand Russell）的一句名言為引子說起。羅素曾說：「人類自古以來有三個敵人，其一是自然（nature），其二是他人（other people），其三是自我（ego）。」羅素這句話是有相當永恆性的意義，我們可以把它延伸而說明「文化」。我們可以說，人類在歷史發展的過程中，首先面臨了自然的困境，要克服自然才能生存下去。人類為了克服自然這個敵人，所以創造了第一類的文化，我們可稱之為「物質文化」（material culture）或「科技文化」。所謂物質文化，也就是指工具以及衣食住行所必須的東西，以至於現代科技所創造出來的機器等，人類藉這些創造出來的物質文化與工藝得以克服自然，而取得生存所必須的東西。其次，人類為了要克服第二個敵人——他人，為了與他人和諧共處以維持社群的生活，所以創造了第二類文化，我們可稱之為社群文化或倫理文化（ethical culture），那就是道德倫理、社會規範、社會制度、典章法律等等。人類藉這些

社群與倫理文化得以從事社會生活，構成複雜的人類社會。最後，人類為了克服第三個敵人——自我，也就是克服自己在感情、心理、認知上的種種困難與挫折、憂慮與不安，因而創造了第三類文化，我們可稱之為精神文化或表達文化（expressive culture），那就是藝術、音樂、戲劇、文學，以及更重要的宗教信仰。人類藉這些創造以表達內心的種種感情與心理狀況，並藉這種表達而得到滿足與安慰，進而維持自我的平衡與完整。

歸納上文之所述，我們可以把文化的內涵表列如下：

前文我們已明確地說明了文化的三個範疇，那就是物質文化、社群文化與精神文化。這三類文化固可說明人類為調適自然、創造生活所產生的文化之各個面相，但是它仍然欠缺較深層次和動態的部分，對這三類文化如何調和而不至於相互矛盾，也無法有所交代，所以我們在本章中還要再進一步對另一層面的文化，那就是文化的文法，或者說是文化的內在邏輯加以說明。

我們前面所說的三類文化，大都是可以摸到、看到或直接感受到的東西，所以可以稱之為「可觀察的文化」（observable

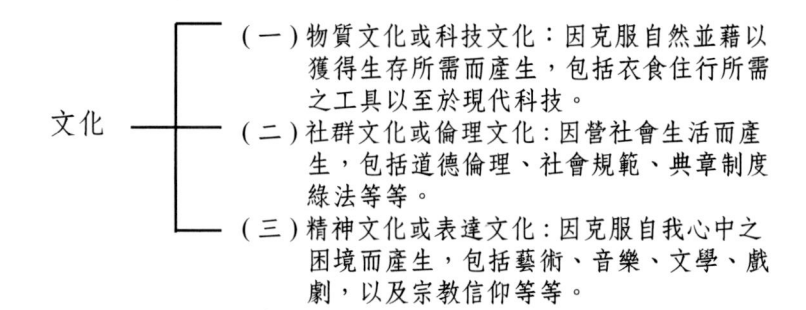

文化 ─┬─ （一）物質文化或科技文化：因克服自然並藉以獲得生存所需而產生，包括衣食住行所需之工具以至於現代科技。
　　　├─ （二）社群文化或倫理文化：因營社會生活而產生，包括道德倫理、社會規範、典章制度綠法等等。
　　　└─ （三）精神文化或表達文化：因克服自我心中之困境而產生，包括藝術、音樂、文學、戲劇，以及宗教信仰等等。

culture），而在這些可觀察文化的深處，卻另有一些不可觀察得到的法則或邏輯存在，用以整合三類可觀察的文化，以免它們之間有矛盾衝突的情況出現。這種不可觀察的文化法則或邏輯就像語言的文法一樣，構成一個有系統的體系，但經常是存在於下意識之中，所以是不可觀察，或不易觀察的。這就像語言一樣，平常說的話（speech）是可以聽得到的，但是話要被人聽懂，一定要有文法（grammar），可是文法是不可聽到的，而且是下意識存在的，所以說話的人並不真正懂得自己的文法；難道我們說中國話都懂中國文法嗎？我們只有在學英文或其他外文時才學文法，但當你心中一直惦著英文文法時，你的英文就說不好了。這是因為你是在長大以後才學習英文，而英文的文法未能下意識地存在於你腦中之故。所以我們也可以稱這一不可觀察的文化部分為「文化的文法」（cultural grammar）。至此我們可以再表列文化的構成如下：

所謂不可觀察的文化或文化的文法，實際上就是一套價值觀念，一套符號系統或意義系統（system of symbols and meanings），它是從人一出生（甚至於在母親的懷胎裡）就開始灌輸或「譜入」的原則，所以經常是下意識存在的，但卻無時無刻不在統合支配人的行為，使他的行為成為有意義而可以為同一群體內的人所瞭解的。例如在中國傳統文化之中一向認為人自出生後在宇宙間就是「命定」的，這一「命定」的觀念是中國人整個宇宙認知體系的一部分，也是中國文化不可觀察的文化法則的重要部分。由於這種「命定」的觀念，所以使中國

人的人際關係較為穩定,而崇尚和諧:在家庭分子的關係中講究親子和睦孝悌、夫婦百年好合等;而在政治關係上則注重服從權威、安於現狀等;而在經濟行為上則是勤儉節約、協調合作,並且常常是調和自然而不是要征服自然的。

每一個文化都有它一套內在的意義系統,並不單是我們中國人如此。下面我們再舉一個西歐文化的例子來說明文化的外在可觀察部分與內在不可觀察部分的相互關係。每一個民族穿

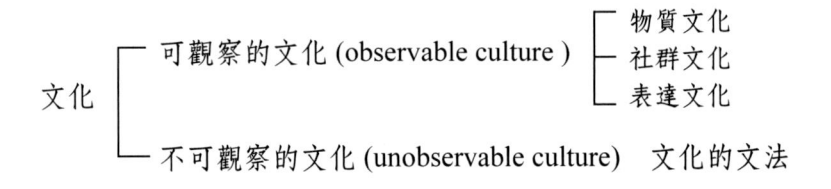

```
          ┌─ 可觀察的文化 (observable culture)    ┌─ 物質文化
文化 ─┤                                             ├─ 社群文化
          │                                         └─ 表達文化
          └─ 不可觀察的文化 (unobservable culture)    文化的文法
```

著衣服顏色都有它一定的意義,西方人在婚禮上,新娘子穿白色的禮服,但喪事時的寡婦,穿的卻是黑色的喪服,這黑白兩種衣服所代表的是什麼意義呢?大家假如再想一想,其他的什麼人也用黑白來分別不同的情況呢?大家也許都記得,天主教的神父們在做彌撒時穿的是白色的禮袍,但是平常外出時神父們則穿黑色的袍服。這兩種黑白的對比與前面所說的白色婚紗與黑色喪服到底有什麼關係呢?請看下表所示:

衣服顏色系統	平時	五顏六色（colored）			
	儀式時	無色 non-colored	黑	女性	神父	儀式情境
				喪偶時	彌撒之外	儀式之外 (ritual-out)
			白	婚禮中	做彌撒時	儀式之中 (ritual-in)

從表中我們可以看到，黑白的無色衣服限於儀式時之用，以別於可以穿五顏六色的平時。但是黑與白之間也有其對比的作用，白色用於儀式之中，所以神父在做彌撒時穿白色禮袍，而黑色則在儀式之外，因此神父平時穿黑袍。女性在婚禮中正是儀式之中，所以披白紗穿白禮服，而寡婦是脫離了婚儀的約束，因之用黑紗。這裡黑白兩色所代表的意義正是西方文化的內在符號與意義系統，這也是西方文化的文法。

從上面所說的衣著文化的「內在邏輯」的例子看來，我們可以知道，穿什麼衣服，用什麼顏色的服飾，都有它一套內在的道理，不完全能用外表所看到的簡單現象來判斷的。要學習合宜的穿著，不僅要知道外表，更要理解內在的道理，否則只顧外表的漂亮，經常就會鬧笑話，穿著不合時宜或場合的服裝出現，也就是會被人家譏笑說是沒有修養，或是沒有文化了。下面我們就是要沿著這一方向，把每一類文化的外在與內涵意義加以探討，以便逐一說明文化與修養的關係。

第二篇

物質文化或科技文化的修養

第七章 穿衣的文化

　　從本章開始我們將進一步更有系統地闡述文化與修養，同時也將照前章所說的三項文化類別，依物質文化、社群文化以及精神文化的次序，逐項分章說明。首先在物質文化方面，我們也將從衣、食、住、行各項物質項目一一探討。本章就是先從穿衣的文化說起。

　　有一次我在舊金山街上看到許多人站著注視兩位臺灣少女，我不知道他們在看什麼，為什麼要特別注視這兩位臺灣少女呢？後來同行的朋友告訴我說：你沒有注意到這兩位少女穿的是長裙及地的晚禮服，在美國不太可能有人穿晚禮服在逛街的，所以大家都好奇地注視她們。這一件事使我想起另一件類似的有關穿衣場合的事。多年前我在擔任中央研究院民族學研究所所長時，有一次所裡的同仁一起去南部旅行，雇了一輛大遊覽車，參加的同仁有研究人員，也有職員與工友。所裡的研究同仁比較常出去旅遊，所以熟識旅行的習慣，大家都穿了輕便的旅行裝，我自己也不例外，穿得很隨便。但是所裡的一位年輕工友，把這次旅遊當作是出遠門做客，既然是出門做客，就不能不穿整齊一點，於是他穿上整套的黑西裝，領帶結得很端正而來。初時，大家並不太注意，可是後來慢慢地引起大家的關心了，因為車掌小姐完全不肯聽我和其他同仁的指揮，只聽那位西裝筆挺工友的號令。最後，大家終於明白了，原來那位車掌小姐

認定穿得最整齊的人必定是所長,所以她只聽「所長」的號令!這兩則小故事都是因為不懂得穿衣的場合與規則,才會產生的誤會與好奇。

我們在上一章中所舉白色與黑色在儀式中所代表的意義,即是一種衣著穿戴的場合規則,假如不理解這內在規則而隨意行之,就會出現尷尬的場面。在西方的社會裡,衣服的穿著不但在時間與場合上有相當的規則,而同時在社會地位與性別上也很有差別,實際上衣服的質料、式樣本身就是分別地位與性別的標幟。

此外,在現代社會裡(不一定限於西方),衣服穿著的場合,大致都有如下表的分別,如有不遵循的情況出現,總是要引起一些好奇的眼光甚至一陣騷動。

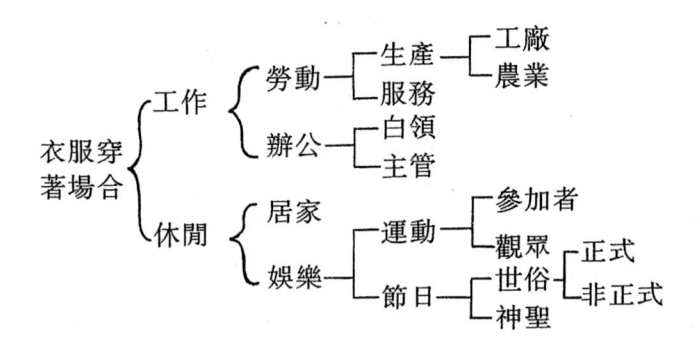

```
                      ┌─ 生產 ┬─ 工廠
              ┌─ 勞動 ┤       └─ 農業
       ┌─ 工作┤       └─ 服務
       │      └─ 辦公 ┬─ 白領
衣服穿著│              └─ 主管
場合   │      ┌─ 居家         ┌─ 參加者
       └─ 休閒┤       ┌─ 運動 ┤
              │       │       └─ 觀眾
              └─ 娛樂 ┤       ┌─ 正式
                      │       │
                      └─ 節日 ┼─ 非正式
                              ├─ 世俗
                              └─ 神聖
```

一般而言,如前表的分類,工作時的衣著總要比休閒時整齊,但是勞動的工作者,其衣服就比辦公室的人不講究;而另

一方面，節日中世俗節日的衣服自然要較隨便，但神聖或莊嚴的節日活動，則是要較整齊的。這一分類碰到學生就有點模糊了，因為學生既不工作，也不算休閒，所以其衣服最不能歸類，因此就很隨便而產生混淆。譬如近年女孩子流行穿套裝加短褲，那是一種時髦的衣服，只能說在一般場合穿著適合。可是有一次，一位少女在訂婚時，也穿短褲出來捧茶，她自己以為那是流行服飾，沒想到她準婆婆認為她太輕佻，不尊重儀式，幾乎鬧得連婚禮都不能舉行。這就是不能認清衣服穿著場合而引起的。

　　也許有人要說，前舉衣著文化的規則都是來自西方社會，是否合適於國人所用大有問題。這樣的說法也許是對的，但是問題在於我們當前的衣著文化正處於不中不西的階段，有時是混淆不清的。例如我們目前看到結婚時新娘所穿的禮服婚紗，都完全接受西方的規矩採用白色的了，完全不記得傳統時代新婚應以紅色為主，而白色卻已近乎喪服了！而在喪服方面，採用黑色已逐漸普遍，但是繼續採用傳統的麻布或白布仍然可見，比起婚紗來更現出其不統一的狀況。但是這種中西混合的情況，尚可容忍，最使人覺得尷尬無禮的穿著，更是比比皆是。例如我們常常看到婚禮的喜宴上，甚而是在教堂裡，竟有些少女穿了運動裝來參加，甚至於穿了短褲來赴宴，那真是使人看了難過。婚喪喜慶穿著較整齊的衣服是對當事人的一種尊敬，既然你來參加儀式，就是為當事人祝賀而來，為什麼不能表示一點尊敬之意呢？這就是沒有文化修養、缺乏教養之故。前幾年看到一些民間團體集體去參加喪禮，竟然也穿了運動服來，在他

們心目中運動服是他們集體的服裝，表示整齊之意，但是他們根本不知道運動服屬於娛樂範疇，與悲傷的儀式很不配稱，這就是他們的文化修養不夠所致，其實也就是我們當前衣著的文化不中不西、無所適從的反映。

其實在傳統中國社會裡，衣飾文化也是非常繁複而有嚴格的規則，不必說士大夫或宮廷的服飾極嚴整，即使民間所用的喪服也都有嚴格的規定，甚至在今日臺灣的鄉間，仍然相當完整地保存種種喪服的規矩。臺灣民間喪服的規則大致著重於衣服的質料與顏色兩因素，用以表達喪家親緣的遠近，其內在涵義可表達如下：

與死者關係距離　　近—————————＞遠
質料：　　　　　　粗麻布→細麻布→棉布→普通布
顏色：　　　　　　本色（無色）→白色→淺藍色→紅色

其原則是孝男孝女皆穿無色之粗麻衣，直系近親穿本色細麻衣，較遠親屬則著白色棉布衣，更遠者用淺藍布衣，凡是姻親或已分家之親屬則在喪服上綴以紅布條，表示不是喪家本身，故用紅色表達避邪之意。紅色在民俗社會裡，有很特別的意義，平常都以為紅色是表示喜氣，其實在喜氣之外，紅色更重要的象徵意義是避去邪氣，所以不但非喪家直接親屬要綴紅，喪家也要為鄰居的大門上貼上紅紙條，也是避邪之意，免去喪事的晦氣汙染了隔壁鄰人。而在臺灣鄉間的一些奉祀孤魂野鬼的「陰廟」，門口都掛上紅布條，也是有同樣的意思。

自然在現代的社會裡，我們不一定要遵循傳統時代那樣嚴

格的規矩，但總還是要守著一些基本的禮貌，譬如上文所說的參加婚喪喜慶服裝應保持整齊，不能穿休閒娛樂時的服裝出現在儀式裡。青年人的衣著雖較隨便自由，但是也不能到妨礙別人的地步，譬如餐廳或食堂裡，袒胸露背或光腳脫鞋而來，總是對人不禮貌或不衛生的，應該加以避免；上課堂時固然不必像去教堂那樣整齊，但是也應該有最低程度的整齊，特別是女學生更應該注意不可太暴露，以表示對教師與同學的尊重。然而在另外一方面，也要注意過猶不及之嫌。臺灣近年來因為經濟起飛，大家都很富有，所以穿衣購衣都有誇張之舉，不是在普通場合穿起大禮服，就是「名牌」滿天飛，充分表現出一種暴發戶的心態，隨時穿金戴銀誇耀於人前，使人感到一種沒有文化修養的形象，那才真是令人難過！

第八章 飲食文化

我們中國人一向都是很注重飲食的，所謂「民以食為天」是也。其實世界上每一個民族，無論是原始或文明，無不都把飲食當作首要的事來處理，只是各民族有其不同處理飲食的方法與態度。每一個民族在處理他們的飲食問題時，實際上都依據一套內在的原則而行，不僅飲食的禮節如此，即使選用食物也有一套基本法則在發生作用，所以一個民族認為是最好吃的東西，很可能在另一個民族之中是不可食的；而另一個民族看作是神聖的食物，對其他民族而言則是平常之物。因此「可食」之物與「可欲」之物並不完全相等，而科學上認為是合乎營養的東西，對很多民族來說則未必可認為是食物。換言之，

營養品（nutrient）從文化學的意義上來說，並不等於食物（food）。是否有營養確有客觀的標準，但是否可認為是食物，則是文化主觀所認定的；很多民族喜歡吃蛹蟲，認為那是很甜嫩的食品，我們想起吃蛹就會感到噁心；西方人看到我們吃燕窩（bird's net）認為是不可思議的事，但是我們漢民族卻認為那是上等滋陰補肺的食品。我們中國人食的文化最發達，所以我們的食物最為複雜，不但與整個文化假設有密切關聯，而且與我們的醫療藥品系統，甚至於人際關係都有連帶關係。下面我們先說明中國人的飲食習慣與文化法則之間的關係。

中國人的飲食文化

我們中國人總是把自己的身體比喻成一個小宇宙,這個小宇宙就像大宇宙一樣,要保持陰陽調和才能保持健康。要維持身體小宇宙的陰陽調和,最主要的事就是要吸收冷熱均衡的食物。根據傳統的觀念,陰陽與冷熱是相互對應的兩對觀念,保持食物的冷熱均衡,也就是保持陰陽的調和。我們中國人自古以來就把所有的食物加以分類,不是冷,就是熱,或者是冷熱之間的「平」,而在攝取食物時就盡力要維持這種「冷熱調和」的狀態。這種「冷熱調和」的觀念,在食物史上已有很長久的歷史,明朝李時珍所著的《本草綱目》,早就對各種植物、藥物的性涼或性燥作系統的記述。一般說來,中國人大都懂得熱底的人要多吃涼物,涼底的人則該吃熱物;如因「激熱」而致病,則服涼藥,反之則服熱藥。這一觀念在傳統中國人的生活中佔很重要的地位,而且到現在還相當程度地保存著。

從現代科學的分類標準來看,傳統中國食物系統的這種冷熱觀念,有很多是難於理解的,例如蔬菜類中大部分綠色蔬菜屬涼性的,唯獨茼蒿是熱性;豆類中大部分是涼性,但紅豆卻屬熱;所有核果類(nuts)都屬熱燥,唯荸薺(water chestnuts)屬涼。家禽中雞屬熱,鴨屬涼,而鵝則屬平(中性);大多數肉類都屬熱性,但野生動物的肉卻又比家生動物熱;烹調方法的不同也影響肉類「熱」的程度。水果屬性差異則甚大,不少屬涼,也有平者,少數為熱性,不過有一特殊現象,南方的水

果都較熱，荔枝、龍眼都屬熱，更南方者則更熱，來自南洋的芒果、榴槤，都是很熱的東西。根據一位營養人類學家安德生（Eugene Anderson）的研究，中國傳統食物冷熱觀念很可能是採多重標準的分類，其標準包括成分、色澤、生態、豢養與否、區域、烹調等等。由於這些標準的隨機交互作用，所以會有很難於用客觀立場去理解之處。根據安德生的說法，這種難於瞭解的分類現象即是由於採用多重分類標準所致。綜合加以分析，我國傳統食物系統中冷熱觀念分類的標準可包括下表所列各種：

	冷	熱
1. 成分：	低蛋白質、低熱量	高蛋白質、高熱量
2. 色澤：	綠色、白色	紅色、紅褐色
3. 生態：	近水、生於水	不近水
4. 豢養：	家生	野生
5. 區域：	北方	南方
6. 烹調：	低溫、水煮	高溫、油炸

在上述各種分類準則之中，如成分、色澤、生態等項，似乎已具有分類的客觀標準，但是實際上，這些標準在作用時都歸併於實用的前提之下，僅作次要或輔助的標準而已。以第四個標準——豢養與否來說吧，其間就饒有趣味：家生的禽畜較涼，野生者則較熱，所以野豬比家豬熱而補，野鴨也比家鴨熱補，從這野味為上品的觀念類推，野生動物中最勇猛的老虎自然也就是最補的珍品了，因此前些時，那些以野味為號召的餐館，不顧生態保育及動物保護運動者的苦口婆心規勸，仍然照殺老虎不誤。在他們的心目中，為人滋補要比為自然「滋補」

似乎重要一點。

　　說到滋補，這又牽涉到我們的另一個食物觀念了。我們不但把食物分為冷熱，要照身體的寒燥去服用相對食物以調和之，同時要按春夏秋冬四時去服食食物，才能真正使冷熱陰陽發生實質作用，才能有補於身體的盈虧，這就是滋補的觀念之所在。所以我們一到季節轉換之時，就要吃些特別食物以維持身體的均衡，而到冬季，因為外在氣候最冷，所以相信是身體最虛弱之時，於是進補就成為重要食物考慮原則了。進補不但要吃食物的補品，而且要用各種中藥來增進其滋補之性，這就是中國人食物與藥物不分的根源，而一般所說的「藥膳」，就是在這種觀念下出現的。中國人的滋補不但要調和身體本身，而且又常常聯想到生育子女的方面去了，中國人把飲食滋補與性能力關聯在一起，可以說是很長久的歷史了，我們不僅一向喜歡藉壯陽補腎之名，吃很多特殊的食物，甚至把喝酒都扯到性能力上去了。就飲酒的習慣而言，我們與西洋人飲酒就大有差別，我們不用飯前、飯後的分類來判別酒，我們寧可採用對身體有益與否的標準來看待酒；所以不知從什麼時候開始，我們把白蘭地酒認定是滋補的，特別是可以增進男性性能力的，而威士忌則是散脫的，不利於精力凝聚的，因而自此以後，白蘭地的身價在華人世界裡何止百倍，而級別也不斷升高，不但 VSOP 或拿破崙已不夠看，即使 XO 酒也不是最高級了；至於威士忌，則一落千丈，連「白馬」與「黑牌」都不能上檯面了。我們中國人喝酒不是純喝酒，同時也要注意到酒的功效，我們會笑西

洋人真是「番仔」，喝酒只是消遣，多划不來！我們中國人一面是喝酒，一面也是進補，特別是男性滋補的酒更是要緊，一舉數得，豈不妙極。這就是我們的飲食文化，我們吃東西不只是吃飽而已，而且要講究均衡調和、滋養身體，所謂「飲和食德」是也。飲食不僅充飢，尤貴在於療效，有益於傳宗接代者更佳，所以古代的聖人也常把「飲食男女」並提，此其義也。

飲食之風已是如此，對滋補壯陽、有助男性性能力的食物與藥物就更有極度的發展了。大致說來，這些有助男性雄風的食物，大致可分為兩類，一類是「吃什麼補什麼」的具體象徵，這也就是鹿鞭、虎鞭、牛鞭、雞腎一類的東西價格奇昂的原因。臺北市有一家北方館子以一道西藏犛牛鞭為號召的名菜，稱之為「中柱」，當公務員薪水尚在三、四千元之時，那一盤菜就賣六百元，但依然供不應求。另一類則是具更高的象徵意義，那就是一些難於歸類、兼跨兩界的東西，如海馬（似馬卻在海中）、海狗（似狗卻在水中）、蛤蚧（有鱗居地上）、海參（似植物卻在海中）、人參（植物而似人）、穿山甲（有鱗卻能爬樹）等等，無不都是增強能力之物，而這些類品都已是介乎食物與藥品之間的東西。在這裡食物與藥物混而不分的情況又再度出現了。

飲食的文化差異法則

但是文化的運作，並非只有我們中國人有食物的特殊癖好，

即使是講究客觀營養價值的美國人,也不免有他們的食物偏好。假如我們把美國人吃肉類的好惡,與我們中國人比起來,就可看出很有趣的對立現象,這種對比可以下圖表示之:

「美國人喜愛程度」
（高＜――――――禁忌）
牛肉、豬肉、馬肉、狗肉
牛肉、馬肉、豬肉、狗肉
（禁忌――――――＞高）
「中國人喜愛程度」

美國人愛吃牛肉,以牛肉為最好的肉,所以牛排價錢總比豬排貴,這是人盡皆知的事。美國人吃豬肉雖不如牛肉那樣喜歡,但比馬肉好,那是沒問題的,他們只有在肉類缺乏時才吃馬肉,勉強下嚥而已。可是說到狗肉,那就嚥都嚥不下了,西洋人對吃狗肉是一個大禁忌,就像要他吃人肉一樣,那也是常識之事。可是我們中國人恰好相反,雖不是人人吃狗肉,但稱狗肉為香肉,認為是一種神祕的滋補上品,也是大家都知道的。至於牛肉,則仍有很多人不吃,表現另一種意義的禁忌,這也是大家都知道的。中國人的日常肉類以豬肉為最,比起美國人喜愛豬肉也是很明顯的,所以我的朋友沈君山博士前些時候寧捨牛肉而不能無豬肉,也表現了中國文化的精神。可是美國人的寧好牛肉,也不是那麼客觀的,在營養學家的心目中,牛肉與豬肉孰佳,仍待情景而定。從文化觀的立場而言,西洋人的喜愛牛肉仍然是有相當主觀的癖好。在西方人的觀念中,牛肉象徵男性的壯健肌肉,喜歡吃牛肉正是喜愛這種壯健的象徵,

其間雖說沒有直接滋補的效用之意，但卻也有「性徵」的涵義在，與中國式的「飲食男女」實有異曲同工之妙。

　　平心而論，我們中國人對飲食的文化，確實已到很精緻的地步，不僅在食物的味道與烹調上極為講究，而且在種種條件上都臻於藝術的境界。法國著名的結構人類學家李維斯陀（Claude Lévi-Strauss）曾經用食物的「生」與「熟」來比喻「自然」與「人工」以及「野蠻」與「文明」。「生」（raw）就是未經加工的原有狀態，所以屬「自然」的狀態；「熟」（cooked）則是經人工烹煮，那就是打破自然的狀態，而加以人力的改變，那就是文化的力量了。以李維斯陀這一組「生」與「熟」、「野蠻」與「文明」的觀念來說，我們中國人在食物文明的成就上，不僅不見任何「野蠻」的遺跡，而且是把這一文明推展到登峰造極的地步了。我們的魚翅、鮑魚、燕窩席，我們的菊花三蛇羹，以至於西湖醋魚、東坡肉、宋嫂羹、叫化子雞，以及北京掛爐烤鴨、陽澄湖大閘蟹，無不使人想起來垂涎三尺。中國人飲食精美的一面確實有其獨到之處，代表我們文化中講究調和均衡、保健攝生與享受人生的最高境界。

　　但是，傳統文化系統的精緻美妙，並不能說是完美無缺的，何況環境的變遷，不同文化價值的互相衝擊，固有文化的「缺點」終於是要暴露出來的。中國傳統飲食文化在現代社會中最大的問題就是與環境保育有很大的矛盾，從前我們認為最好吃，或最滋補的東西，現在可能是稀有保護的對象；從前我們認為是取之不盡、除之唯恐不及的物種，現在卻已瀕臨絕種的邊緣。

例如我們前述的野生動物比家生動物要更為熱補的觀念，就使我們最喜愛食用山珍海味，不但山豬、山羌、果子狸都是桌上佳餚，而且老虎、豹子、熊更是上品；而那些兼跨兩界、模稜兩可（betwixt-and-between）而有助於男性雄風的動物，如海狗、海馬、蛤蚧、穿山甲、海參等等，更是視為藥食兩面都兼具的珍品。然而這些東西都逐漸變為稀少的品種了，即使不是稀少，假如繼續不斷地捕捉，也都容易破壞其與生態系統間的均衡關係。生態均衡關係是一種非常微妙的體系，不但動一髮而危及全身，而且一旦破壞了，就很難再完整恢復，對整個環境所產生的作用是非常鉅大的。所以為了更長遠的生活，為了下一代子孫的繼續存活下去，我們不應該為了飽口慾而再捕殺稀有的動物了，而更重要的是應該檢討我們的飲食與滋補的基本觀念，飲食之美固然美矣，但是在不損害飲食之美的原則，我們或許尚可找出也能與環境保育不衝突的美食之道來。

當然，在環保的前提下，我們現代中國人應該對我們的飲食之道有所警惕改進。但是，這種環保的運動也應該是全人類共有的運動，更應該瞭解文化的執著觀念是各民族都有的，西方人不能一味只要求別人要改變飲食或生活習慣，自己卻仍然固守自己的文化習俗。西方人也有他們的偏好的，例如前述美國人的偏好牛肉，其背後的觀念即是一種偏好；西方女人的愛好貂皮，無疑也是與保育矛盾的。各民族不但不能以自己的觀念來解釋別人的種種行為習慣，而且更應該從更深層次地去瞭解別民族行為背後的一些原則，那麼文化的誤解、種族的敵視，

就較易於消除。

　　不同民族之間因食物的信念不同而引起衝突，其中最著名的例子，莫過於回教徒視豬肉為不潔的肉，因此禁忌吃豬肉，只准教徒吃牛肉；但是印度教徒卻視「牛」為神聖，不但不能吃牠，而且讓牠在大街上自由走方步，因此兩民族的矛盾衝突就很大了。為什麼一個民族視為神聖，另一個民族卻認為普遍世俗；而一民族所禁忌的事，另一民族卻毫不以為然呢？「神聖」、「禁忌」的標準是什麼？其內在意義又是什麼？這就是關鍵之所在，假如能徹底有所理解，也許誤會就容易解開來了。要回答這一問題，我們可以先以猶太人的禁吃豬肉來說明。

　　猶太人禁食豬肉見於《舊約聖經》的記載，《舊約聖經‧利未記》（Leviticus）第十一章有一段這樣的話：

> 耶和華對摩西亞倫說：你們曉諭以色列人說，在地上一切走獸中可喫的，乃是這些凡蹄分兩瓣、倒嚼的走獸，你們都可以喫。但那倒嚼或分蹄之中不可喫的，乃是駱駝，因為倒嚼不分蹄，就與你們不潔淨。沙番，因為倒嚼不分蹄，就與你們不潔淨。兔子，因為倒嚼不分蹄，就與你們不潔淨。豬，因為蹄分兩瓣，卻不倒嚼，就與你們不潔淨。這些獸的肉，你們不可喫，死的你們不可摸，都與你們不潔淨。水中可喫的，乃是這些凡在水裡、海裡、河裡，有翅、有鱗的，都可以喫。凡在海裡、河裡、並一切水裡游動的活物，無翅、無鱗的，你們都當以為可憎。這些無翅

無鱗以為可憎的,你們不可喫牠的肉,死的也當以為可憎。凡水裡無翅無鱗的,你們都當以為可憎。

為什麼古代的猶太人認為駱駝、兔子、沙番(獾的一種)和豬是不潔淨、可憎的,因而禁食之呢?古來的解釋從道德、衛生、美感與本能等方面著手,實際上都不能觸及問題的重心。假如要瞭解猶太人對動物的禁忌,應該把〈利未記〉十一章全章作整體的認識,才能把猶太人禁忌的觀念弄清楚。首先提出這樣解釋的是英國著名的女人類學家瑪麗‧道格拉斯(Mary Douglas)。道氏在她的名著《聖潔與危險》(*Purity and Danger*, 1966)一書中曾對《聖經》中所描述以色列人的這種食物禁忌有精采的分析。道氏認為假如你細讀〈利未記〉十一章全章,你就會發現古代的以色列人對動物界有其分類標準:陸上的走獸應該有分蹄與倒嚼(也就是現代所說的反芻)兩特性,缺一不可。水裡魚類則必須有翅(鰭)有鱗,空中的飛鳥則須兩足而具有翅膀者,凡不合此一類標準者,或者兩者僅具其一之動物,都被認為是不潔淨而可憎的。駱駝與獾的足蹄都是不分趾的,但都是反芻;兔子嚼草甚慢,古代以色列人誤認牠們與牛羊一樣是反芻的,但是兔子的蹄卻不分趾;至於豬,則是分趾而不反芻,因此這四種動物都不合走獸的標準,而且是一種模稜兩可、曖昧、不能歸類的東西,猶太人也就認為是不潔淨、不可吃的。從這裡我們可以很明白地看出,古代以色列人憎恨那些不合標準、不能歸類的動物,而認為那是不潔淨的,

因此是禁止食用牠。換言之，以色列人對宇宙萬物的存在都認為是井井有條的，都是有一定的標準與秩序的，凡是不合秩序的即是違反神聖的原則，因此也就是可憎的、不潔淨的，必須禁忌的。從這觀念而論，古代以色列人所認為不潔淨的就是不合他們所有的一套對宇宙認知分類的秩序，因此其所有的聖潔、汙穢、褻瀆的觀念，實際上僅是他們認知過程的產物，這也正是道格拉斯所要說明的問題重心所在。

上述這種因認知過程而產生的現象並非僅為以色列所特有，而是在很多民族中都常見的。道格拉斯女士在描述非洲土著雷雷族（Lele）的儀式生活時，更把這種觀念分析得淋漓盡致。雷雷族人的宗教儀式生活中有一種佔很重要地位的動物，那就是食蟻穿山甲（pangolin）。雷雷人平時視這種食蟻獸極為神聖，絕不可打殺，更不能吃牠，只在由生育一對子女以上的人所組成的「穿山甲祭團」（pangolin cult group）作祭時，才可以殺牠並在祭團成員中分食，並認為這樣可以使他們打獵更多的野獸，也可以使他們的婦女多生子女。為什麼雷雷人視穿山甲為神聖並在祭儀中佔重要角色呢？這仍然要用分類系統的觀念來說明，才能瞭解其真正的意義。

雷雷人和猶太人一樣把動物分為陸、水、空三界：陸地的動物又可分為食肉獸與食草獸兩類，前者有毛有爪，後者有皮有蹄；水裡的魚類則有鱗有鰭；天上的飛鳥則有翅與雙足。在雷雷人這樣的分類中，食蟻穿山甲很顯然是一種曖昧兩可而不能歸類的動物，牠的身體像魚且有鱗（穿山甲有極厚的鱗甲），

但具有四隻腳而且能爬樹，所以穿山甲是魚與獸之間的動物。不但如此，穿山甲在另一特徵上又使牠介乎人與獸之間，穿山甲不像其他動物是多胎的，而是像人一樣是單胎的。穿山甲不像其他野獸遇到人就逃避，而是有點害羞地把身體蜷曲起來。由於具有這麼多特性，就使穿山甲在雷雷人心目中成為最特殊的動物，雷雷人不但像以色列人一樣，把這種不能分類的動物列為禁忌，而且更進一步利用牠跨於人與獸兩類之間的特性，作為象徵人與超自然之間溝通的媒介。就在這種情形下，穿山甲成為雷雷人禁忌的對象但同時又是神聖的代表，在這裡我們可以看到禁忌與神聖只隔著一層單薄的紙，它們實是一體的兩面。

　　從上面的這一些例子看來，我們可以知道每一個民族對哪一些東西認為是可食的，哪一些是不可食的禁忌物，實有一套很有趣而且合乎邏輯判斷的內在原則。原來也許是很奇怪的習慣，假如能理解其內在的原則，就變得一點也不稀奇了，不但不稀奇古怪，而且頗有道理。今天民族與民族之間，甚至族群與族群，常常都是因為互相不瞭解彼此的文化與風俗習慣，所以產生誤解，並且互相敵視。譬如大家對回教徒以及對猶太教徒的不吃豬肉覺得奇怪，長久之後就有許多傳說甚至侮辱的傳言，於是彼此間就會有嫌隙，假如再經過挑撥，就容易兵戎相見了。但是，大家若能對別的民族文化的內在原則有深刻的理解，那麼誤解就容易化解了，這實在就是理解「文化」的最重要意義，也就是本書所要強調的主題，那就是如何從「文化」的學習去獲得個人的修養。

第九章 住的文化

　　人類居住的方式與房屋的建造，一向是受到生活方式與地理環境的影響最大，逐水草而生的遊牧民族，因為不可能在一定的地方居住太久，所以他們就不會建造永久性的房屋與村落，只有住在容易遷移的幕篷，而要到農業民族才開始有可能建造較永久性的房屋。地理環境的影響則可從氣候與建築材料兩方面去看，熱帶與寒帶居民的房屋建築與設施自然有很大的差異，而出產石材的地區，其建築多為石製；出產木材的地區，則普遍以木料架屋，這也是很自然的趨勢；至於沒有石材與木料的地區，人民利用泥土燒成方塊用以搭砌房屋，稱之為磚，那已經是一種文化的創造。還有北極圈的愛斯基摩人，在沒有石材和木料的情況下，利用冰塊切割而成的冰磚蓋屋，稱之為「雪屋」（snow-house），更是一種極能利用環境就地取材的發明。

　　然而人類並不完全為環境所限，人類一方面抵抗自然，一方面也利用自然，然後又把自己的文化模式容納進去，創造出適合於自己所喜愛的居住建築。人類居住的方式包括房屋的建築與聚落的配置等等，經常是表現其社會群體關係與個人地位聲望的象徵，另一方面也常常是表現那個民族的宇宙認知與他們的宗教儀式的一種具體方式，因此只有從其文化法則的深處去理解，才能發現一個民族住的文化的內在意義。

傳統倫理與居住方式

　　我們中國人最重倫理，也就是最注重家庭內人與人關係的規範道理，因此我們所居住的房屋，不論在什麼環境之下，其主要的目的就是要促進同住於一屋簷下的人相互之間的有秩序與和諧關係。在這種前提之下，我們最典型的傳統住家建築，就是所謂「三合院」的房舍。這種使全體居住的人有更多的機會相互見面接觸於一個院子之中的設計，就是要達成家庭內各成員和諧有序的基本目的。就以臺灣的閩南式三合院為例子來說，就是最標準的一種調和家庭成員的居住設計。如下圖所示，三合院內的各個組成單位居住的房間都是對著院子，這就是要使住在房屋內的各成員每天一離開房間即有相互接觸的機會，容易因接觸交往而融洽感情，最少不至於因生疏而產生隔閡。這種設計從現代的觀點來看，也許會覺得有損各個組成單位的隱私，但不可置疑的，其對家族整體整合卻是極有益處的，這亦是傳統家族倫理理想之所寄。居住在這種房屋設計之下的人，除了每天可以在院子裡共同活動之外，同時也經常有機會能在共同的廳堂裡談論家庭事務，並且因每月數次的祭供祖先以及其他宗教儀式共同在一起，藉由祖先以及神明的象徵力量產生共同體的精神，這便是中國父系家族宗族倫理最理想目標之所在。中國人的房屋設計不僅是供人居住的，同時更重要的是，供一輩講究倫理的家族成員居住，這是中國傳統文化基本法則所著重之處，所以表現於外在形式上，就是利用有形的建築來

規範人們的日常行為。

2-C	2-B	2-A	正　　廳	1-A	1-B	1-C	1-D
2-D 護龍	4-B 廳		中　庭　院		3-B 廳	3-D 護龍	
	4-A				3-A		
	4-C		大　　門		3-C		

　　再說上圖典型的閩南式三合院建築，圖中正廳部分是全家的中心，廳中供奉神明與祖先，並作為儀式或招待客人之處。正廳是全家人所共有，即使分家後也不分開變為私有。正廳左邊第一間（1—A）由家長居住，表示是家系的承繼人。但是假如家長的兒子已結婚，則年老父母移居 1—D 或 3—C，而 1—A 即由結婚的長子居住，稱為長房。正廳的右邊（2—A）稱為二房，由第二個兒子居住。假定這一家有四個兒子，四個兒子都結婚了但尚未分家，則第三個兒子住 1—B，第四個兒子住 2—B。假如四個兒子都分家獨立了，則可加蓋「護龍」，每一位兒子各佔有一個居住的單位，大兒子住 1—A～1—C，二兒子住 2—A～2—C，三兒子住 3—A～3—C，四兒子住 4—A～4—C。通常「護龍」的結構也仿照「厝身」的配置，各有其「廳」，而廳的左邊為大。照這樣的原則，當家族份子繼續擴大時，則「護龍」可以無限制增加（如圖中 2—D 與

3─D），在臺灣中部的彰化縣社頭鄉的一些「大厝」甚至增加至六、七層「外護」，在這種情形下，我們所看到的已經不是一個家族，而是一個宗族了。然而在這個家族或宗族中，各個成員的關係，又因房子居住的安排，各人的地位與次序也因之而定了，而其間應有的行為規範也就依循各人的地位次序而行，住在正廳邊的人要比兩旁的人輩分高，所以要受到尊敬。正廳的祖先更是要祭祖供奉，而父母親就要像在世祖先一樣奉養，這就是以有形的空間來規定無形規範的意義。實際上人類是很依賴外在空間的安排以定自己的行止，所以在一個嚴肅的教堂或課室內，人們就自然而然地拘謹起來，而在一個空闊活潑的公園或野外，人們就會感到輕鬆愉悅，甚至要引吭高歌起來。

可是在我們現代的社會裡，居住在上述那種三合院的機會已經不多了，即使有那種舊式房屋仍然保存完整，也很少有人居住了。在現代工商社會裡，特別是居住在大城市裡的人，大都只有住高樓公寓了。高樓公寓的設計不但不能很多親族共聚一個大院落，即使同一大樓的住戶也經常老死不相往來，更不用談敦親睦鄰。而其中最不能適合傳統中國倫理者，就是公寓內的設計大致只容一個小家庭居住，那是一種為西方人所謂「核心家庭」所設計的居住方式，在這種設計中，年老父母親的居室便是很難安排的，更不要說祖先牌位應該安置在何處了。

年老的父母親與子女住在一起，由子女供養照料，這是我們東方倫理文化的精神所在，這不僅是表現子女個人在行為上的盡孝道而已，同時也是一種深刻的社會意涵，那就是年老退

休者奉養的責任由私人負擔，而非由社會全體負擔的。西方社會的倫理原則是年老者由社會共同奉養，所以他們有年老奉養金，有老人公寓，有退休醫藥保險等制度與設施。但是這種制度雖有其好處，缺點卻也不少，老人福利金的供給經常使政府的預算負擔極重，而且使很多仍有工作能力的老人不肯再工作，只依賴公家的付給，養成一種偷懶不奮發的習性。這種「公養」制度最大的缺陷乃是在個人心理上使老人失去家人溫暖的親情，而這一點卻也正是我們東方文化所強調的享受天倫之樂，這是對年老者在感情上最大慰藉之處，但是西方制度卻未能把這一方面的問題加以考慮，所以是其主要的缺點。近年來政府對這一東方倫理精神的意義已能注意到，所以曾經要求內政部營建署對三代同堂公寓的設計加以鼓勵與推行。

在現代的青年人看來，三代同堂的公寓也許不是最好的設計，因為年輕一代與年老一輩的人住在同一屋簷下很可能仍有許多問題，其間習慣不同，對養育孩子的意見不同，經常會有衝突出現。因此有人認為與其住在一起而有意見衝突，不如分住不同公寓但相鄰而居，一面可以就近照顧，另一面也可以有個別的生活習性。最近社會學界有一種流行的說法，即父母與子女居住的距離最好是端一碗湯不會冷的情況，這也許是一種很好的家庭居住的想法，既能保有獨立的生活習性，又顧全了東方倫理精神，使年老者心理上不致有孤獨寂寞之感，同時也減輕社會的共同負擔。

居住方法與身分表徵

人類居住的房屋不但表現一個民族的文化精神,體現其人群關係的原則,而且也經常是社會中身分地位的表徵。我們前述的三合院建築,周圍護龍的擴展固然是一種表現家族興旺的方式,而院落的增添也是另一種身分地位的象徵。一般說「三落大厝」或「五落大厝」就是指這種三合院建築擴建成三進落或五進落的形式,同時也含有主人的身分地位提升的意義。不過在封建時代,大厝的進落也是有限制的,通常再富有的人家也不能有九進的建築,因為那代表一種僭越的行為,只有皇家的建築才有九進的可能。房屋代表身分地位的意義,在各民族中都是常見的事,在一個民族中居屋若超越其應有的地位固要受制裁,而在不同民族中不能理解別人房屋身分表徵之意義,也會引起很大的誤會,甚至發生衝突。這種不同族群間不能互相瞭解所引起的誤會,最明顯的例子發生在我們國內改建蘭嶼雅美族房屋的故事。蘭嶼雅美族人的傳統建築是建在半地下的木石居屋,在我們漢族看來那是一種低矮、空氣不足的簡陋房屋,但是對雅美族人而言,那卻是一種適應四面環海的熱帶氣候以及颱風頻仍環境下最安全舒適的房屋,而且他們的居屋也不是那麼隨便簡陋的,他們建屋的規格有一定原則的。通常新婚的一對新人只蓋一幢只有一個入口(門)的小屋,等到年紀漸大,社會地位漸高,房子就逐步改大,從兩個入口至三個入口,最大者則可至四「門」之多,那就是村落中的長老地位之

家了。我們的行政單位未能理解這種身分地位的表徵,一味以我們漢族的標準來判斷別人,認為他們的房子不衛生,應該改進,所以特別撥出一筆補助款,為雅美人蓋了一批「國民住宅」,一律以水泥混凝土建成,式樣整齊劃一。行政官員以為那是很堅固美觀而且通風的住宅,可是沒有想到要雅美族人搬家時,大家都不願意搬,一拖再拖,最後只有用來作為養豬的房子!這個失敗的例子,主要的原因當然是因為房子都是一個「門」,沒法表達不同的身分地位,那些長老最先不願搬遷,因為那是最損傷他們面子的事了。除此之外,雅美族的居處實際上是由一組房屋所構成,除去居屋之外,尚包括工作屋、涼臺涼屋以及船屋等等,一幢水泥屋不但只有一個「門」,而且沒有工作之處,更沒有涼臺,熱帶太陽曬在水泥崖上,奇熱難當,沒有涼臺怎成?所以雅美人不肯住「堅固」的國民住宅,寧可把它讓給豬仔住。這個例子很清楚地說明,每一民族都有他們住的文化,別的民族要用他們自己的標準來勉強之,而忽略其原有文化原則,那就是強人所難,最終是要弄得不歡而散的。

房屋建築與宇宙觀

人類居住的房子,除了用以表達身分地位,同時也表現該一民族的文化精神,除去我們上述的種種情形之外,經常也還用以表達一個民族的宇宙觀念,藉一個房屋的外形甚至整個村落的配置來代表他們對宇宙的觀念,真的把房屋或整個村落看

成是一個小宇宙一樣，處處象徵宇宙間種種事物的關聯關係。英國著名的人類學家馬凌諾斯基（B. Malinowski）曾在新幾內亞東北方的一個稱為初步蘭（Trobriand Is.）的群島上做研究，他發現初步蘭人的房屋在村落中的分布是成為圓圈的，也許更正確地說所有的房屋都排列成兩個同心圓，內圈的房屋是村落的中心，是酋長與村落的單身男子所居，也是儲藏生薯芋的倉庫所在；相對的村落外圈房子，則是結過婚的夫婦共同生活之處。內圈與外圈的關係形成一種對比，就像我們中國人的「陰」與「陽」的對立一樣，內圈代表宇宙中央以及神聖之處；外圈則為宇宙邊緣、世俗之處。內圈住的是未婚男性，所以代表獨身、男方；外圈住的是已婚夫婦，同時也是主婦們做日常家務之處，所以代表婚姻、女方。還有更特別的是內圈倉庫內所儲藏的食物薯芋等，都是生而未經加工的，烹調之事不可以在內圈房屋內進行，必須在外圈的房子裡由婦女去做，那就是煮熟的東西只有在外圈的範圍內才能出現，這裡出現的對比關係就是我們在前文已經說到的「生」與「熟」的對比。綜合這些對比，我們可以看到初步蘭島人的村落與房屋配置，實際上是他們對宇宙瞭解的比喻，在這比喻中他們把中央和邊緣、神聖與世俗、男方與女方、獨身與婚姻、生與熟等組的對比複合成一個繁複的觀念體系。其實這種把村落、房屋的配置比喻成宇宙模型的現象，並非初步蘭島人所獨有的，我們前面說到的法國結構學派人類學家李維斯陀就發現巴西亞馬遜河中流的許多印第安人以及許多非洲的土著，都有同樣的情況，村落中同心圓式的房

屋排列代表他們對宇宙間對立因素的矛盾與和諧觀念，看來這宇宙現象兩元對立的觀念是人類文化認知的普遍原則之一。

說到宇宙現象兩元對立的觀念，當然要使我們聯想到自己的「陰—陽」、「天—地」、「上—下」、「乾—坤」、「左—右」等組觀念，把這幾組觀念再綜合起來，就不能不說到「風水」、「堪輿」之術了，而風水堪輿正是我們中國人房屋建築以至於城池設計的重要文化原則之所在。從現代人類學的觀點來看，最原型的風水觀念也許就是如上述的情形，企圖把居住空間按照理想的宇宙模型塑造出來，並藉這模型來規定生活空間中哪些部分是神聖禁忌的，而哪些部分則是日常生活之處，這就是陰陽、乾坤、天地、左右等觀念運作調配的所出。我們傳統觀念中所說的天圓地方、陰陽調和以及左青龍右白虎等等，也應該就是從這裡衍生出來作為更具體解釋空間的象徵體系。後來原型的風水觀不斷演變，其中最重要的是加入了五行之說，配合五方、五色、五音等因素，以至於干支等時間觀念，遂使風水有更複雜的發展，也就成為傳統民間思想中的空間之學。傳統的空間風水之學有兩個重要成分，其一是講究如何將人為的建築結構與自然境遇相配合以取得合理的區位，這一方面實際上已有原質生態學（proto-ecology）的態勢；另一則是著重於陰陽五行的推演計算，而其間則又摻雜了許多神祕數字的觀念，因而漸趨於巫術的領域。後期的風水堪輿很不幸地在兩個成分之間，逐漸遠離前者，因而與現代科學生態學之路漸行漸遠，而更趨向於神祕數字推算的道路，因此披上了濃厚的神祕面紗，

而有了神祕生態學（mysterious ecology）的外號，這實在是一件令人遺憾的事。從這樣的文化學立場去理解風水，我們大致可以看出若把風水之學當作是宇宙觀的象徵比喻，藉以滿足一些認知上的困惑也許並無不可，但是若要信以為真，甚至要依賴它飛黃騰達，那就未免有失現代人的修養了。

第十章 行的文化

　　李國鼎先生曾經轉述過一則有關行的故事：他說在一次大宴會中，主人先是在客廳裡招待大家喝茶，等到客人來齊之後，就招呼大家進餐廳去用餐，但是大家都很客氣，誰也不敢先走進餐廳，推讓了半天，只好序齒論長幼，才依序入席。等到坐定了以後，座中的一位外國客人好奇地問主人：你們中國人為什麼在宴會時這麼講究禮貌，大家都互相推讓，可是在馬路上開車時，卻又那樣爭先恐後互不相讓呢？李先生講這故事的目的是要說明我們的國民缺乏公德心的情形，凡是在大家都熟識的場合就很講禮貌，很守秩序；但是在互不認識的公共場合或陌生場合，大家就不守規矩了，好像守規矩、講禮貌是做給自己人看的。李先生用這個故事來勸國人要建立一種個人與群體的群己倫理，也就是要有公德心。這個故事當然是一個很好的例子說明我們缺乏公德心、沒有群己倫理的情形。其實從這個故事中，我們尚可推演出許多國人在行的方面缺乏文化修養的現象。很顯然的，汽車實是一種西方的文化，這種汽車文化除去有形的汽車體及機器之外，更重要的是尚包含一套無形的駕駛汽車的規則與倫理。然而我們東方人大半都只是習得或採用了有形的器物，卻把那一套無形的規則忘了，或者是把規則用我們自己的想法去改變它，於是許多問題就此出現了。在西方駕車的倫理裡，車子是要尊重行人的，所以過馬路時，看到行

人跨越人行道，駕車的人就會自動禮讓，而在任何情形之下，禮讓總是駕車人相互之間的默契。可是我們的駕駛人卻另有一套想法，他們都覺得「一車在手」就比誰都大，抱一種有車就應當優先的想法，所以橫衝直撞，絕不禮讓。若有人超他的車，那更是大不敬，非超過去不可，如不幸碰撞了，就下車大打出手，真是蠻橫之至。這種困境就是在文化採借過程中只顧到硬體的好處，而忽略了硬體背後的一套軟體規則才產生的，沒有那一套軟體，硬體的存在有時是會引起更大的災害的。我有一個朋友從美國來清華大學客座訪問一年，回去後寫信告訴我說他在臺灣開車時學到很多「壞習慣」，回美國後再駕車就常常沒有默契而幾乎失事。駕車出事固然很危險，但是還有更多這種採借別人文化的外形，卻不知道其無形的規則，而鬧笑話喧騰國際的更糟的事。我們假如不能在行的文化上多多學習，只是不斷地花錢增加行的工具，那麼最終有一天會變成到處都行不得，道路全為車所佔了，只有停車之地，而無行車之道了！

另外一方面，我們自從經濟富裕之後，兼之國外旅遊又開放了，於是到國外旅行的風氣就盛行起來。旅遊的事實際上也不是我們的文化，在傳統的時代裡，大家的經濟都不是那麼寬裕，要隨意旅遊談何容易。即使要出門旅行，也是很不得已的事，所以對旅遊一事，實在是毫無文化基礎的，因而對旅遊的種種規矩，更是毫無常識。不知道搭飛機的規矩，不知道住旅店的規矩，不知道上館子的規矩，甚至不知道購物的規矩，所以臺灣旅客到處受人譏笑，到處被人看不起。有些地方的旅

館甚至不肯招待臺灣客人，即使招待也很勉強，甚至另闢一個房間讓臺灣客人登記住房，以免進入大廳太過喧鬧，別的客人受不了，使人看來實在很沒有面子，這種缺乏修養的事，實在不勝枚舉。有一次我去美國開會，在飛機上看見一個臺灣商人與空中小姐大吵大鬧，一艙裡的人都覺得丟臉之至。原來那位商人一上飛機就向空中服務員要酒喝，他用半吊子的英文說要一杯 wine。所謂 wine 在英文中是指釀造而成的餐中酒，而餐前所給的則是如威士忌或雞尾酒等蒸餾而成的烈酒，英文稱為 liquor 或 spirit，他們並沒有真正像我們的「酒」字的通稱字，勉強也許有 alcohol 一詞，但他們通常都是稱飯前酒 liquor，餐酒 wine，飯後酒 liqueur 等。當時飛機剛起飛，一切尚未就緒，離吃飯時間也尚早，他們最多是給餐前酒 liquor，當然沒有餐酒 wine 可喝。然而那位商人要的只是隨便的酒，並不懂還有那麼多區別，空中小姐也未會出其意，所以就回答說現在沒有 wine。可是過了不久，有些外國客人開始要威士忌來喝了，那位商人看了就大為光火，認為空中服務員歧視他，服務別人喝酒，卻不肯給他酒，大吵大鬧，後來幾經解釋，才算平靜了，但是滿飛機的外國人都大為搖頭，譏笑這些沒有旅行常識的中國佬！

　　像上面這樣的事真是不勝枚舉。有一次我和內人在西安旅遊，某日傍晚在晚餐前到旅館的購物店參觀，我們看到比較特別的東西，就低聲地交換意見。等到我們選定幾件紀念物品要去櫃檯結帳時，櫃檯的服務員和我們聊起來，問我們是哪裡來

的旅客,並且猜我們是美國來的或新加坡來的旅客。我問她為什麼猜是美國或新加坡呢?為什麼不猜我們是臺灣來的呢?她說你們的口音像是臺灣的國語,但是你們不像臺灣客那樣大聲囂張地說話,我們聽了以後面紅無語。我們的旅客在旅行中確是非常地囂張,其缺乏旅行的修養的確令人側目,不僅進入大廳登記住房時叫鬧爭吵,而進住房間後則大開房門對面聊天,而且聊的都是大批採購的事,不但別人不得安寧,同時也使人覺得碰到庸俗暴發戶的可憎!除此之外,旅館的員工與老闆也都對臺灣客很頭痛,他們不但會把房間的小東西順手牽羊地帶走,而且把房間弄得大亂,他們不知道浴缸的簾子是擋水的,把簾子放到缸外,弄得浴室內滿地是水;睡覺時都喜歡把氈子拉開來,睡得毫無規矩,果皮廢紙亂丟一地,飲料咖啡撥在高貴的地毯上等等,所以老闆和員工都很不高興。

臺灣旅客在國外旅遊時常起糾紛的事經常是在購物之時,而我們前面所說的暴發戶心態更是最根本的原因。我們的旅遊者一窩蜂買名牌衣服飾物,買珠寶手錶。但是在國外,尤其在歐洲,買名牌的東西也要有它的文化修養的,店員們熟識買名牌顧客們的種種細膩的欣賞、試用、談價(不是討價還價)、喝茶聊天介紹自己、包裝、送貨等行為,忽然碰到搶貨般的購物者,漫天還價、惡形惡相的顧客,當然會感到不習慣,甚而懷疑對方是騙子,所以才會有報警說信用卡是假造的事件發生。信用卡固或有偽,但是不懂旅遊購物的文化所引起的誤會,才是真正的起因。總之,有錢只是可以出外旅遊的條件之一,缺

乏另外一些條件，尤其是不懂現代旅遊的文化，缺乏行的文化修養，不但使個人碰到許多不必要的麻煩，而且使整個國民的形象破壞無遺。

假如我們從更寬廣的角度來看旅遊，我們可以發現國人的旅遊水準仍然十分落後。一般說來，旅遊的種類很多，可以包括三大類：觀光旅遊、自然旅遊與文化旅遊，其中觀光旅遊可以說是最初級的旅遊，最不具文化修養的旅遊，因為所謂觀光旅遊包括一般遊覽、娛樂旅遊、消費旅遊、採購旅遊甚至於賭博旅遊等等。自然旅遊則包括海洋旅遊、山岳旅遊、觀賞旅遊、採集旅遊、行獵旅遊、探險旅遊及生態旅遊等等。文化旅遊包括民俗旅遊、古蹟旅遊、藝術旅遊以及宗教、朝聖旅遊等。很顯然觀光旅遊只是在滿足感官之慾與物質之慾而已，其在文化修養上是最低層次的活動，可是國人的旅遊卻大都停留在此一階段，極少數有進入文化旅遊或自然旅遊的境界，而且在觀光旅遊中，竟然有很多是為了去賭城豪賭一場而出門的，這在全世界的旅遊紀錄上，可說是非常少見的現象，由此可見國人的旅遊不但行為惡形惡相，而且旅遊層級也極低，其文化修養實在是十分薄弱的。

再就另一角度來看國人的旅遊現象，也是很有意思的。根據社會學者蕭新煌針對臺灣地區民眾休閒活動的分析發現，國人平均每日花二小時11分鐘在看電視、58分鐘在「休息與休養」、46分鐘在拜會親友與鄰居聊天；而花在參觀旅遊上的時間平均只有11分鐘、閱讀報紙與雜誌25分鐘、聽音樂19分鐘、

運動健身 12 分鐘。前三者合計已將近四小時，而後四者合計則尚不足一小時，所以蕭先生認為國人的休閒活動仍著重於靜態的、家居的、室內的、即興的、非體力運動的，而且仍然傾向於傳統的親族聚會的型態，即使近年來旅遊活動有逐年增加的跡象，但佔休閒活動的比例仍非常小。這種現象如配合上述旅遊層級的情形來解讀時，那就是說臺灣地區的居民在休閒活動上仍不是最熱中於戶外旅遊，即使有旅遊也仍然停留在較低層級的觀光旅遊方面，而且旅遊的習慣極不文雅，旅遊文化的素養亟待合理地建立起來。

第十一章 科技與文化

我們在前面說到文化的內涵時，已說明三大項目的文化範疇：物質文化、社群文化與精神文化。其中有關物質文化的內涵是包括從最簡單的工具、衣食住行的設施，以至於現代的科技發明。前四章我們已將衣、食、住、行的文化與修養的關係做過討論，本章將接續下來談「科技與文化」。

科技是人類物質文化演進最高的發展，人類為了征服自然，得到自己生活的資源，所以從最簡單的石器工具開始，逐步改進自己的發明。經過數十萬年的時間，到了近代，從前簡單的工具演化成機器的階段，而時至今日，科技的成就更是登峰造極，使人類對自然的控制與利用，到了一個前所未有的階段。但是科技的發明固然使人類生活在前所未有的舒適方便的境界，但是科技的發明是否也為人類帶來困擾，科技是否也有其負面的作用，科技是否甚至會為人類帶來災害，或者更深刻地說，科技的過分發展是否會反過來約制人類，不是人類在利用科技，而是人類的生活在遷就科技發明？當代的世界裡，常常有人這樣反問：人類是不是機器的主宰，或者反而是由機器所主宰了？這些問題都是很值得思考的科技與文化的問題。

說到「科技與文化」，人們都會想到英儒斯諾（C. P. Snow）的《兩種文化》（*Two Cultures*）一書，其實斯諾書中所強調的科技人文形成兩種對立文化的說法，早在中國學者的思

想中已經出現,而且有人因為這種對立的思考不得解脫,再加上政治主張的矛盾,竟因而自求解決,自沉而逝。這位思想家也許大家都熟識,那就是著名的國學家靜安先生王國維。王國維於1937年自沉於北京昆明湖,表面上是因為政治主張與當時潮流不相容,但是這一選擇「本身已隱隱地表露了其意識的深沉存在著難以排遣的精神困擾」。這種困擾是複雜而多方面的,從思想上看,其中引人矚目的便是人本主義與科學主義的內在緊張。

王國維對人本主義與科學主義的內在緊張與矛盾,可以從他的《靜安文集續編》的自序中的一段話清楚地看出來:

> 偉大之形而上學,高嚴之倫理學,與純粹之美學,此吾人之所酷嗜也。然求其可信者,則寧在知識論上之實證論,倫理學上之快樂論,與美學上之經驗論。知其可信不能愛,覺其可愛而不能信,此近二、三年中最大之煩悶。

王靜安先生的矛盾即在於此「可信」與「可愛」之間的抉擇。所以在1924年,王氏告別人世前三年,他寫信給他的學生清廢帝宣統時曾說:

> 夫科學之所能馭者,空間也、時間也、物質也、人類舉動植物之軀體也。然其結構愈複雜,則科學之律令愈不確實。至於人之心靈及人類所構成之社會國家,則有民族

之特性,數千年之歷史與其周圍之一切境遇,萬不能以科學之法而治之。

從王靜安先生的這些思想歷程與困境中,我們可以體會到斯諾所說的西方學術界的兩種文化傳統的矛盾對立,在中國學界中不但早已存在,而且可以存在於一個學者本身的思維之中,甚而因其矛盾緊張之不得其解,進而促成其自我解脫,這也許就是表現出東西傳統差異之所在,此亦正是上引一段話中王國維所要說的「則有民族之特性」一句話的意義所寄。

其實科學與人文之間在理論的層次上沒有那樣必然的矛盾與緊張,西方科學興起的時代,實際上大都有人文的運動作配合,因而科學的影響才能更為普遍。只是在科學的普遍推廣之時,常被過分延伸,甚至被誤用,因而出現了矛盾與緊張。換言之,科學知識本身實是中性客觀的,只有在這些知識被應用時,因為錯誤的引用,甚至被延伸超越其應有的範疇時,才會導致對人類社會負面的後果,並因之產生矛盾與緊張。這種對科學知識的誤用與延伸,大致可從兩種現象來說明,其一是「工具理性」的過分膨脹,其二是「科學主義」的無限延伸。此二者之間雖有其密切關聯,但仍可分開說明。

先說「工具理性」過分膨脹的現象。所謂「工具理性」是德國社會學家韋伯(Max Weber)所提出的觀念。韋伯認為近世西方文明是一種「理性化」(rationalization)的趨勢,也就是說人類以其理性對自然和社會環境加以利用並控制所作的

努力。韋伯更認為「理性化」這觀念可包括兩方面，一方面是「價值理性」（value rationality），另一方面則是「工具理性」（instrumental rationality）。所謂「價值理性」是指一些終極價值，例如生命的意義、人生存在的目的以及生活的尊嚴等等，是人類價值所共許，對這些價值只應該無條件接受，而不應該計較其效果之得失。所謂「工具理性」是指兩種情形下的考慮：一種是就一組價值中，比較其效果之得失而決定它們的輕重取捨；另一種是就一個或一組特定目的，考慮如何才是最有效方法或途徑以求其實現。這兩種考慮都是著眼於如何運用有效工具來達到目的，只問效果的直接考慮，所以稱之為「工具理性」或「功效理性」。韋伯更認為西方近代的科技發展和資本主義經濟制度所表現的即是最典型的「工具理性」，也就是朝著一定的目的而發展，只求其最大效果，不問手段合理與否，不問其他方面的影響，更無所謂人類終極價值的存在，這也許就是前文所說王國維思維中可信與可愛矛盾情結之所在。

「工具理性」的趨勢在二十世紀初期已為韋伯所洞察，而數十年來其擴展膨脹之勢益烈，且自西方資本主義社會而擴及全世界，從最小的日常生活而至於國家大事以及國際情勢。比如最近臺灣的若干衛生執行單位建議在校園中設置「保險套」販賣機，其目的是為了要防範愛滋病（AIDS）的蔓延，這就是最典型的「工具理性」思考，好在教育部門尚能顧及終極價值理性的一面，維護生活的尊嚴與道德規範前提出反對，才不至於使這種只求有效目的而不考慮其他可行方法之手段的真正施

行,這應該就是一個日常生活中所見「工具理性」過分膨脹的例子。而近代奧林匹克運動會中更是愈見運動員服用禁藥,也是最明顯之例子,只為求得金牌之目的,而捨追求人類最高體力潛能之價值而不顧,其效能目標無可置疑。「工具理性」擴張的危害大者甚至於使一個王朝走上覆亡而國家蒙難,其中最明顯的例子應是伊朗巴勒維國王的故事。巴勒維一心想使伊朗快速走上西方式現代化道路,因此急遽引進各種歐美的機器工業,但是他沒有想到物質的成就與伊斯蘭教精神上的終極目標頗不相合,終於引起民怨而導致柯梅尼的革命以至巴勒維的下臺,這正是「工具理性」極端發展而完全忽略了「價值理性」的存在所造成的悲劇。而今日伊拉克的海珊同樣的也犯了只求效果不擇手段的錯誤,他只求達到其建立回教大帝國的美夢,迷信其國防科技與武力,不顧國際情勢、人性尊嚴而入侵科威特,終不免受到國際制裁,而使人民蒙受慘烈戰亂之痛。

其實「工具理性」的過分膨脹在現代社會中所形成的一種最普通和嚴重的趨勢,應該是功利主義的盛行,特別是個人功利主義成為現代社會最突出的「壟斷價值」,於是種種病態都隨之出現,這包括政治的惡質化、社會關係的疏離化,以至於思想行為的神祕化等等都一股腦地伴隨顯現,使社會的紛爭動盪無時或已。張灝教授曾對功利主義在政治上所引起的不良現象有清楚的描述:

我們知道,在一個健全的民主社會裡,權利與義務需

取得平衡，個人自利的觀念與服務社會的精神應互相調和，……但在個人功利主義盛行下，這種平衡與調和已有失去的趨勢。反映在政治上的是，一方面人民對政治的參與日減，另一方面種種特殊利益集團的勢力日增，置整個社會的公利與公益於不顧，但求以各種手段操縱政府，影響政策，圖謀自利。在相當範圍之內，這種現象原是民主政治的常態，但是超過限度，它可以達成民主政治的癱瘓。

這樣的描述正是今日我們在臺灣看到種種政治現象最真實的寫照，政治的現象在個人功利主義的驅使下已如此嚴重，再加上社會關係的疏離，人們心裡感到的冷漠孤獨、精神上的苦悶與不安，以及傳統神祕主義的作祟，使人們日趨迷信，依賴超自然，進而形成投機、好賭之性，以至於「貪婪之島」的惡名就不逕而走了，這都是「工具理性」高漲下，個人功利主義所產生的結果。

再說到「科學主義」的一面。所謂「科學主義」（scientism）就是一種膨脹而無限延伸的科學觀，不但認為科學是萬能的，可以解決所有自然與人類的現象，而且幾乎把科學當偶像來崇拜，甚至進而形成一種人生觀或意識型態。這種無限延伸的科學主義所產生的後果最少可從兩方面來看。首先是這種誇張的科學觀認為以自然科學為典範是瞭解一切現象（包括自然與人文的現象）的唯一方法與途徑，但是他們並不體會自然科學方法的經驗太偏狹了，而人的經驗是屬於多層面的現象，包括內

心的體驗、意義的體現、道德感、美感、宗教感等等都不宜於用自然科學方法去驗證的，這也就是前文所引王國維先生致溥儀信中所說的「萬不能以科學之法而治之」的可愛對象。可是因為誇大的科學觀所影響，科學家們常堅持凡是科學方法所不能驗證者都是不可信者，因此種種人文現象的探索都失去其應有的意義與價值，而被認為是主觀的產物，這就導致當前最常見的現象，那就是武斷的取消主義或化約主義（reductionism），而表現在外顯的行動上就是人文現象研究的不被重視、人文學者的看法不被尊重。在臺灣甚至最高研究機構中人文學者所提的意見經常被忽略、誤解、束之高閣，更何況其他學術團體，這遂使研究人文現象、人文經驗、終極價值等領域的日益萎縮，造成文化上的極端偏枯，而王國維先生心中的可愛之舉，幾乎成為一種「遺愛」了。

科學主義膨脹延伸的另一面就是一種「科技萬能意識」的普遍存在，不但成為一種意識，而且幾乎成為一種信仰。這種意識的特徵就是不分「科技運用」與「價值實踐」，因此認為任何問題（包括政治的和社會的）都可依科學技術法則去解決而且無往不利。同時由此而產生的信念，便是認為人類的前途是永遠在進步中，永遠在成長之中，而這種成長最具體的證明即是科技的發展和經濟的提升。在這裡姑不論進步與成長是否為一絕對的價值，即就科技發展與經濟成長是否為進步與成長的可靠標準也已有很大的疑問，除去我們在前文所提的一些實例之外，當前全球所面臨的種種巨大問題：生態失衡、環境崩潰、

氣象突變、能源枯竭、戰爭陰影等等都構成對「科學萬能觀」的失去信心。生活在這種情況下，不免使人發生疑問，是人主宰了他發明的東西，還是被他發明的東西主宰了？

確如前文的種種分析，「工具理性」的過分膨脹，使人淪為工具的附庸，只追求效能，而忘卻本身的意義與價值。這種趨勢只有重新尋找「價值理性」的傳承，才能平衡「工具理性」的膨脹。在這方面東方文化的人文精神與人本主義應該是最能發揮其意義。特別是儒家的代表人物對人存在的終極價值觀念，最是人本主義思想的精髓，我們不妨引一兩段這些先儒的話為例說明：

孔子說：

  篤信好學，守死善道。危邦不入，亂邦不居。天下有道，則見；無道，則隱。邦有道，貧且賤焉，恥也；邦無道，富且貴焉，恥也。（《論語·泰伯》）

孟子說：

  惻隱之心仁也，羞惡之心義也，恭敬之心禮也，是非之心智也。仁義禮智非由外鑠我也，我固有之也。（《孟子·告子篇上》）

荀子則說：

  水火有氣而無生，草木有生而無知，禽獸有知而無義。

人有氣、有生、有知，亦且有義，故最為天下之貴也。(《荀子·王制篇》)

從這些話中我們可以看到儒家對若干終極價值的堅持，以及對個人的價值與人格尊嚴的重視，這也就是人本主義的根本主張。事實上這正是儒家傳統著重「價值理性」的重要根源，儒家堅持這些個人固有的價值，支持那些與生俱來的德性是終極意義之所存，這些終極意義有其永遠的超越性，不會因為功效得失而有變遷的。換言之，儒家的這些中心思想正是韋伯所說價值理性之所寄，也是東方文化傳統中最寶貴之處，只是我們平常並不注意它，假如我們在新世紀來臨之時，要避免工具理性、效能至上的趨勢繼續擴張膨脹，要免於人類淪為工具的奴隸，那麼發揚這些儒家人本精神的傳統，尋求這些傳統理念使之能為現代所用，是我們現代人修養的理想目標。

第十二章 汙染的社會文化觀

在環保意識高漲的今日,「汙染」(pollution)這一名詞無疑是極敏感的。其實汙染的觀念並不是一個現代社會的產物,而是在人類歷史上有長久發展的過程,這是因為汙染這一概念與一般自然科學的概念不一樣,例如「空氣」這一概念是一種客觀的存在,可以用客觀、技術的方法來說明與測量它;但是汙染卻不是一個純客觀的概念,而是另有其主觀的一面。換言之,汙染有它客觀存在的一面,可稱之為汙染的技術面(pollution in technological sense),但也有它主觀感受的一面,可稱之為汙染的社會面(pollution in sociological sense)。而且更困難的是汙染的技術面與社會面有時也不是那麼容易分辨的,而是經常頗有混淆的。汙染在技術面與社會面的混淆不易分辨,可以用一個有趣的例子來說明:在閩南語或臺語中稱「骯髒」為 la-sap 或 la-sam,la-sap 或 la-sam 一詞平常很易解,似乎沒有什麼爭議,但是仔細分辨,它實有兩個涵義:一方面指像垃圾堆那樣真正的骯髒,另一方面又常常指荒郊「墓仔埔」鬼魅出沒之處。那就是說閩南語中同一個名詞同時指無用、多餘、討厭、out of place 或 out of order(編注:故障、壞了)的真垃圾,以及多餘、討厭、可怖、out of place(編注:不在其位)的「無形垃圾」,在這種情形下,對於不懂閩南語或臺語的人,特別是外國人來說,實在無法分辨所指為何物。對於以閩南語或臺語為母語的

人,則自然很容易知道說到 la-sap 時是何所指,但是在內涵的語意上即使是以閩南語為母語的人也未必真正把這兩個不同範疇的骯髒污染物加以分開,並經常視之為一物。由此可看出污染的客觀技術面與主觀社會面的混淆之處。要知道這種主客觀混淆的根源,只有從污染觀念的歷史演化階段去追溯探討。

超自然的污染

汙染的原義實際上是來自對神聖的侵犯,最初是指個人的犯瀆行為,後來就逐漸轉為侵犯神聖的鬼魅惡魔。鬼魅惡魔不但侵犯神聖的領域,也是人間一切不幸、痛苦與疾病的來源,所以大家避之唯恐不及,想盡辦法以免為其所汙染,這就是把鬼魅所引起的汙染看作是社會性邪惡(social evil)的根源。

與鬼魅直接有關的就是死亡,所以全世界各民族都對死亡以及安排死者的喪事看作是非常嚴重的汙染。在吾國傳統民間習俗中,對死亡汙染的觀念也非常明顯。大家都知道民間風俗中遇到一家人有喪事,喪家的人一定要為左鄰右舍門上貼紅紙條,這就是表示不要把喪亡之事汙染到鄰居之意,在此亦可看出紅色在中國顏色象徵系列中不但是喜事,而且也有防避汙染之功能。紅色防避汙染,也可在喪服中看出來。就如我們在〈穿衣的文化〉一章中所述,喪服本來都是無色(本色)或白色的,但是在喪事的行列中,你常可看到在白色喪服上綴有紅布條的

人，那也是一種避免汙染之意，凡是綴有紅色的人一定不是喪家的直接親屬，而是姻親外戚等等，甚至分家後的兄弟，也綴以紅布，因為已不屬同一「家」，所以要防避汙染，在這裡你也可以體會到傳統觀念中汙染擴散的社會單元與界限。

臺灣鄉間有許多稱為有應公、萬靈公的小廟，這種在民間宗教中所說的「陰廟」，就是典型的奉祀孤魂野鬼之處，凡在這類陰廟之前，你都可以看到門上掛了一條紅布條，這一條紅布條正是防避汙染之意。民間對這些鬼廟一方面供奉之以滿足其需求，另一方面亦避之以免受災，其矛盾之心理甚為有趣。臺灣的鄉村裡，如遇到有災害，如傳染病、車禍、火災等等，就要舉行各種儀式，包括巡境、做醮等祭典，以便把汙染清除。有的儀式要演傀儡戲，那就是驅除鬼魅汙染最典型的法術；有時祭典之前，全村的人要吃素齋戒，那就是企圖藉食物的清淨以象徵村落空間的清淨免於汙染。凡此都是民間信仰中防避超自然汙染最明顯的事例，而同樣的例子可以說不勝枚舉。

宗教信仰中的汙染觀念是「汙染」的源起，雖說超自然信仰在現代社會中已逐漸失去其意義，但是民間習俗中仍然遺留許多這類禁忌的觀念，而且最重要的是把汙染與社會性邪惡關聯在一起，甚至把汙染和社會性邪惡等齊的觀念一直沿襲下來，這是探討現代汙染者所不能忽略的地方。

社群對立的汙染

　　汙染的觀念也常被用在強勢社會群體對弱勢群體的相互關係上，男女兩性之間就是最明顯的例子；在男性支配的社會上，弱勢的女性就常常被形容是汙染的根源。世界上許多社會中，男性專用的東西，如武器、工具等等，都不准女性觸摸，否則就會引起汙染，使武器失靈、工具失效。在特殊儀式和神聖的地方，也不准女性參加，那是怕女性汙染。今天，在臺灣鄉村裡，女性遇到生理期就不敢進到廟裡去燒香，連她們自己也以為是汙染之源。

　　為什麼女性的生理期是汙染之源？這是關係一套更深的汙染理論，此處不能細說，但是女性生理期是汙染中最汙染者卻是很普遍的信念，因此產生許多禁忌的事以避免汙染的擴散。不僅是女性生理期認為是汙染，而且與生育有關者也都認為有汙染的危險，生育時產房是很忌諱的，也就是怕汙染。古時候生孩子時留下的胞衣要放在罐子裡丟棄在潭底，就是認為那是汙染中之最危險者。

　　除去男女兩性之外，社會階級之間，強勢者亦以有汙染力來看低階層的人。最明顯的例子就是印度人的世襲「種姓」階級（caste），不同階級的人不能在一起用餐，不能同乘一輛車，更不能結婚；那些最低階層的人，稱之為「不可摸」（untouchable），表示摸了會有很大的汙染之險。通常在這樣嚴格階級的社會中，低階的男子如與高階的女子發生關係，那

不僅是個人的汙染,而且認為將危及整個群體,所以犯者的家屬經常要殺犧牲向全族謝罪。臺灣高山族中即常見有這種禁忌與謝罪的舉動。在這種情形下已不是個體的有形汙染,而是涉及全群體及無形的道德層面了。以不道德來看汙染,把汙染伸到道德倫理的範疇中去,其社會性邪惡的意涵就更強烈了。

價值變遷的汙染

在當代的工業社會裡,社會文化變遷極為快速,而價值觀變遷更是非常急遽,在一些較固守傳統價值的人心目中,那些新的價值觀、新的社會趨勢,以至於新的技術變革,都是很難認同,很難容忍的,甚至於視之為社會的邪惡,而以為那是危害社會、汙染社會之源,因此他們也進行各種不同的「儀式」,企圖防避或驅除這些汙染。這些現代的汙染驅除者,大致可分為兩類:第一類的現代汙染驅除者,較偏於道德汙染的解釋,而他們所採的手段,則是屬於儀式性的。這一類的典型可用臺北「Ｘ天宮」及其近郊的連鎖寺廟為例子。「Ｘ天宮」的寺廟建築宏偉,但其最大特色則是「一塵不染」的乾淨。這一類寺廟有許多志願服務人員,他們一到廟裡就要換上洗得非常乾淨的藍布制服,不斷打掃環境,清潔內外;這一類寺廟絕對不准供奉葷腥祭物,一律嚴守齋戒。自然最重要的是他們認為現今道德墮落,世風日下,世界上充滿邪惡,世人的罪行汙染了整個宇宙,所以他們藉宗教力量來勸世人回歸道德境界,他們傳

誦道德經典、印行善書，企圖藉這些努力掃除汙染社會的邪惡。但是在下意識裡，他們似乎仍覺得這些努力尚不足以保證邪惡的消除，所以他們又在另一方面盡力保持環境的清淨整潔，以及藉齋戒的方法來保持身體內部的潔淨。這是一種藉有形的潔淨以象徵無形道德世界的純潔與無汙染，這在宗教學上是很常見的行為。其實這一類汙染驅除者並非僅見於「Ｘ天宮」一宗派，今日臺灣的許多新興宗教中，亦都具有此共同的特質特點，例如著名的一貫道，他們的儀式中，也是非常講究潔淨的，他們不但堅持在廟裡要茹素而且講究飲食之道，而且是最早採用公筷母匙的群體，他們的廟堂也保持十分整潔，一進廟門就要洗淨手臉，儀式主事者的服飾更是要保持絕對整齊潔淨。這些可說是臺灣民間新興宗教中許多教派共通的特色，他們之所以新興，就是感受到傳統社會道德的淪喪，舊有宗教力量的受汙染，所以他們企圖藉儀式的象徵方式來為社會尋求一片乾淨之土。

第二類的現代汙染驅除者，就是環保運動的提倡者，他們是真實的汙染驅除者，他們的目的也是要保護有形環境的健康不受汙染。根據汙染文化的研究先驅瑪麗・道格拉斯和她的同事在新近的一本著作《危險與文化》（*Risk and Culture*）一書中曾說，他們研究的資料顯示，環保運動的提倡者，大多是教育程度很高、關心社會、心懷宇宙的人，他們特別對現代社會的大企業、大組織、大工業、大機器敏感而排斥。他們認為這些新組織、新技術不僅是自然環境汙染的來源，實際上也是社會環

境汙染之所出,所以他們視這些龐大怪物為社會的邪惡,主張應該一併予以掃除,才能確保世界環境的健康與人類生活的幸福。在這裡我們仍然可以看到即使是現代的環保運動者,他們對汙染的客觀與主觀面還是相同的,那就是說他們認為汙染的技術面與社會面是不易分割的,特別是他們把汙染與社會邪惡仍然等齊看待,甚至延伸到道德的範疇中,這可看出汙染觀念的歷史根源、如何根深蒂固地存在於人類的思維之中。例如最近的一項研究顯示,在反核運動中,雖有一批人是有條件地反對,只要安全防護得宜,甚至地方獲得補助,他們就緩和態度;但有一批人則是無條件地反對,在任何情形下他們都不贊成核能發電,他們對有關核子反應的東西都深惡痛絕,明顯地視之為社會邪惡。

從上面種種現象看來,與汙染有關的機構,不論是主管單位或生產單位,在處理汙染問題時,似不可單從技術方面著眼,也要注意到民眾的主觀心理層面,尤其要觀察到一種汙染源假如已被視為社會邪惡的對象,就要更加小心從事,千萬不要走上被批評為「好民之所惡,惡民之所好」的道路。汙染是現代社會重要的問題之一,要處理汙染不僅是一種技術性而已,也有其重要的社會文化面,瞭解汙染的文化意義,具有這樣的文化修養,才能成為一個現代社會的公民。

第三篇

倫理文化或社群文化的修養

第十三章 家庭與文化

　　從本章開始我們將進入第二大類的文化，也就是「社群文化」的討論。就如我們在第六章文化的內涵中所說的，所謂社群文化或倫理文化是用來與他人相處的種種人際關係的規範，包括道德倫理、社會準則、社群制度以至於典章法律等等。人類藉這些社群與倫理文化的存在，得以合理從事群體生活，構成複雜的人類社會。

　　人類社群生活最基本的單位是家庭，家庭中人與人的關係也是所有人際關係的初坯，所以我們要先從家庭與文化說起。

　　家庭是社會和人群最基本的單位。家庭不僅在婚姻、生育、經濟和生活等方面發揮了最基礎的功能，而且最重要的是家庭負有培養、教育年輕的一代，更傳遞、繼起民族文化的責任。所以家庭中子女的養育，對整個民族文化實有非常深遠的影響。從人類學和社會學的立場而論，家庭其實就是基礎文化養成之地，因此家庭的組成形成、婚姻類型，以及家庭內各成員之間角色關係的不同，都會深深地影響到文化本質的差異。

　　世界上各民族的文化差異很大，產生文化差異的重要原因之一是家庭型態的不同。世界上許許多多民族，在家庭型態上的不同至為複雜，有的是屬於世系傳承的不同，例如有父系、母系、兩系（double descents）、雙系（bilateral descents）之別；有的則是屬於居住方式的不同，如隨父居、隨母居、隨舅居、

兩可居等等；更有的是屬於婚姻形式的不同，如單偶婚家庭、多偶家庭之別；還有更常說到的家庭組成大小的不同，例如一般分為核心家庭（由一對夫婦及其子女組成的小家庭）、折衷家庭（由一對夫婦及子女、年老的父母親組成，又稱主幹家庭，因為全以直系親屬為主幹）和擴展家庭（包括已婚兄弟與父母同住的家庭）等類型。由於這些各種不同家庭型態的複雜配合，遂使在家庭塑模下所形成的文化也有很大的差異。

人倫關係與文化特性

我國的家庭在社群文化中的意義尤較其他民族更為重要，所以下文將以我國家庭為重心來說明社群文化與做人修養的關係。我國旅美著名人類學家許烺光先生對家庭與文化的關係有深入的研究。他認為家庭型態的不同固然影響文化的差異甚大，但是家庭中成員關係的特性，才是影響文化的關鍵所在。許先生認為我們的家庭成員關係是以父子關係為「主軸」，因此中國的文化即是以這種父子軸的家庭關係為出發點而發展形成的。

一個家庭中的成員可以分為許多種角色關係，如父子、夫婦、兄弟、姊妹等等，這些關係許先生稱之為人倫角色關係（dyad）。由於家庭型態的種種變化，每一民族的家庭經常在各人倫關係中採擇一種關係為主要代表，許先生稱這一種代表性人倫關係為「主軸」關係。所謂主軸關係就是說家庭中其他

人倫關係都以之為模型或典範，主軸關係的特性掩蓋了其他關係的特性而成為家庭生活的軸心。許烺光先生研究世界各種不同的民族，認為家庭中成員關係的主軸可分四個不同的類型：

（一）以父子倫為主軸者：中國家庭為典型代表。

（二）以夫妻倫為主軸者：以歐美民族的家庭為代表。

（三）以母子倫為主軸者：以印度家庭為代表。

（四）以兄弟倫為主軸者：以東非洲及中非洲若干部落社會的家庭為代表。

根據許先生的意見，每一主軸關係都有其特性表現出來，這些主要的人倫關係的特性，不僅成為各種不同型態的家庭中人際關係的典範，且往往更進一步發揮為整個社會文化的特性。我國的家庭關係既是以父子倫為主軸，我們就以父子倫為主加以探討，以父子倫為主軸的家庭有四個特性：

（一）延續性（continuity）：一個人身為某人的兒子，將來也會成為某人的父親，父子關係在家庭中一連串地不斷勾連下去，這就是父子倫所具的延續性。延續性在其他三種主要人倫關係中均不存在。因為母子、兄弟及夫婦之間都不像父子關係會不斷延續下去。

（二）包容性（inclusiveness）：這是相對於夫妻關係的排他性而言。夫妻關係是單一而排他的，父子關係則是包容的，一個父親的愛可以包容所有的子女，相同的母子和兄弟關係也是包容的。

（三）權威性（authority）：父對子的關係經常是權威的，

而夫妻之間則是自主的，母子之間是依賴的，兄弟之間是平等的。

（四）非性的（asexuality）：相對於夫妻倫以性為基礎的關係而言，父子關係是非性的，不強調兩性區分的關係。

以父子關係為主軸的中國傳統家庭，如何影響了中國文化的表現呢？換句話說，中國文化的若干特性，如何可以追溯到中國傳統家庭的特質？下文我們試就許先生所說的父子軸家庭的四點特性加以引申討論。

沿續的特性

首先說延續的特性。這項父子關係的特性，已經擴大為整個中國文化的主要特性之一：將男性世系的家名及香火一代代傳下去是我們中國人最看重的事。我們看重「姓氏」，且要按照家族中的輩分排名字。我們看重家譜，盡力維持家系之延綿不斷，甚至將之擴大到宗族、氏族。這種延續的觀念擴大到整個民族，便成為維繫中國數千年歷史文化於不墜的重要力量。

為了避免家庭世系的中斷，故而強調宗教、民族的延續；個人的存在，不是以個人為目的，而是為了團體（宗教或氏族）的存在與延續。因此養成了中國人含蓄內控的性格，不強調個人能力或情感的表現，而處處以團體為重心。

因為我們不以個人而以團體為重心，使我們對於他人的存在格外敏感，對他人的意見格外看重，而形成社會科學家所謂

的「恥感的——而非罪感的——社會」。這尤其表現在「面子」問題上，世界上每一個民族都有「面子問題」，但中國人最看重「面子」，最怕在人前「失面子」，就是由這一緣故表現出來。

由於看重群體之存在，中國人特別強調人際關係的調適，盡可能地建立並維持良好的人際關係。不僅要與其他人保持和諧適當的關係，且更進一步要與周圍自然界的萬事萬物保持和諧適當的關係。緣此之故，在行為上的表現為對於倫理道德的看重，在思想上，則表現為中庸與天人合一的思想。

但是，延續的觀念，也使得我們格外的崇古、懷古，認為過去的一切都是好的，而對創新與變遷懷有戒心。現代的社會是一個快速變遷的社會，「延續」觀念的過度發揮，可能造成我們的社會在現代化過程中的困境，這一點是值得特別注意的。

包容的特性

其次談包容的特性。一個父親可以同時對幾個子女付出同樣的父子之愛，他的愛是包容的，而不像夫妻之間是排他的。中國人很明顯的把這種包容的特性發揮到宗族、氏族之間，形成同宗或同族之間緊密的關聯。

包容的觀念如果發揮到極點，就變成博愛。但是中國文化包容性與延續性的結合，使得我們的社會中只有有限度的包容。我們關心與我們有關的人：家人、親戚、朋友等等，卻不及其他人，對他人或陌生無關係的人，不但漠不關心，而且不知如

何對待，是現代人人際關係的困境。

有限度的包容，表現為講情面、唯情主義的現象。大小事情，都要講人情、拉關係。對於與自己有關係的「群內」的人，格外愛護，甚至過分的愛護，對於「群外」的陌生人、不相干的社會大眾，則顯出缺乏「公德心」。

包容性的家庭有它的無形力量，我們可以看看臺灣鄉下的例子：一個臺灣鄉下的家庭，也許是父親領著長子在家中種田，而二兒子在臺中開店，三兒子在高雄加工區工作，四兒子在臺北工廠上班。雖然家庭的成員分散在各地，經濟也相當程度地相互獨立，但是只要老家的田產沒有分，大家還是認為那是自己的「家」，會不時地寄些錢回家，也可以隨時回到家中去（居住海外的華僑對於祖國老家的關係也是如此），這種家庭可說是非常有彈性的。當民國62年石油危機發生，經濟不景氣，許多工廠、公司紛紛倒閉、停業或裁員，這些人在臺北、臺中失了業，仍然可以，而且是有權利，回到鄉下的老家去，有一口飯吃，並能享受家庭生活。這種包容性，使得家庭成為急速變動的工商社會中的一個避難所，這在西方社會中是找不到的。

在今天人類文化面臨如資源短缺、人口增加、環境汙染等重大危機，而人類必須重新安排其社群生活的時候，許多社會科學家都開始強調中國的家庭生活，可以在危機之時成為提供安慰的避難之所。但是我們也不能不承認，在企業結構發展成為現代化經營的階段，過分的家庭包容觀念，卻也要成為現代企業的絆腳石，這是現代人對傳統文化特性所應該體認之處，

也是大家應有所辨識的一種文化修養。

權威的特性

再談權威的特性，社群、國家權威代表的存在，對於群體的維持有很大的重要性。在家庭中，父親的權威對於子女的教養也有相當的作用。但是如果將「權威」無限度的擴展，變成絕對的權威，反而會使得父子之間，及其他人際關係產生困難。

權威的擴展如果到了僵化的程度，將導致權威人格的出現，對於社會的發展有不利的影響。根據社會科學家的研究，權威人格其有下面六種特徵：

（一）很容易接受權威，信仰權威。某人是「權威」，他的話就是對的，要無可懷疑地接受。

（二）重視權勢：一個人如果沒有權威地位，不論他的意見本身如何精闢，也往往得不到重視。

（三）因循舊習，隨波逐流。

（四）不容許對於傳統習俗的批評，拒絕創新。

（五）相信命運，不願意靠自己努力來改變事實。

（六）對事物抱著刻板印象，對事物的判斷是黑白分明，好壞立判，不能考慮各種複雜的因素。

「權威」有它的功能，但若是發展到僵化地步，就會成為社會進步的阻力，我國因家庭中以父子軸關係為重心，所以權威性格至為明顯，並且擴展到其他人際關係上，這是很不利於

現代化社會的推展,所以我們要特別注意這人格特性的過分強調,才是現代人應有的修養。

非「性」的特性

最後談非「性」的特性,非「性」的特徵家庭中父子關係籠罩在其他人倫關係之上,而成為一切關係的主軸或典範,因而對於「性」的表現,特別是夫婦之間,總是儘量地避免或隱蔽。在大庭廣眾或父母長輩之前,絕不可以表現出夫妻間的親密關係:愈是冷淡愈顯得有禮貌。這與美國社會可說是迥然不同的。

更進一步來說,因為有意的壓抑或模糊「性」的觀念,使得我們文化中對於兩性的認同有所混淆。最明顯的例子是平劇演出中,男演員可以扮女性角色,女演員也可以扮男性角色;甚至在現代的電影、電視劇,以至於歌仔戲,女小生往往也是最受歡迎的。

由於這種文化所約束下的「性」態度,使國人一向視「性」為禁忌,不僅不敢表現,也不敢談論,更不用說教育了,因此「性」的問題成為我們人際關係中很特殊的範疇,不但兩性關係很緊張,性的表達方法也很特別,因此也使我們在現代社會生活非常缺乏有關兩性關係的修養。

第十四章 「父子軸」文化的特殊表現

　　前一章我們談到許烺光先生所說的「父子軸」人倫關係的特性，本章我們要繼續討論這種「父子軸」文化的若干特殊表現。首先我們要以前幾年彰化縣的一位劉姓男子娶十三房妻子的例子來說明。這位劉姓男子原是一位民間神壇的主持人，他藉宗教信仰的便利，「娶」了十二房妻妾，竟然心猶未足，想再討第十三房，沒想到為準「岳母」所反對，大眾傳播媒體揭露了他的故事，然而他竟自稱是要為世人立一模範，於是社會譁然，喧騰不已。對於宗教人類學者而言，這倒是宗教虔信教徒（pietist）常有的行為。虔信者常把他信奉的教義與傳統教條化，並予誇張化，劉和穆的表現正是這一類行為的典型。但是他的多妻行為，卻又表現了父子軸文化所強調的延續性和包容性所致。

視夫妻如父子的行為

　　如我們前面所說的延續性是中國式父子關係最主要特性，由於中國人強調父子關係的延續性，所以我們可以看到很多本來不是連續的人際關係，也經常用連續的觀念去看它，有時並誇大之或變成幻想的型態。傳統章回小說中有一部書叫《七世

夫妻》，這是把孟姜女萬杞良、梁山伯祝英台等有名的歷史情侶串連起來，說成是一對男女堅貞愛情在七個世代裡一再結為夫妻的故事。這一本章回小說在我這一年齡的讀者中尚甚流行，而且很受感動，但是在較年輕的一代人之中，就比較不流行了，同時也較不為所動了。但是，對西方人而言，這種七世都為夫妻的想法，簡直是不可理解。西方的小說中也絕不可能出現這種體裁的故事。有一次在我的「中國社會結構」課堂裡，一位美國學生參與討論這本《七世夫妻》的小說時，忽然脫口而說：「你們中國人真的把夫妻當作父子了！」真是一語道破。

再說第二種包容的特性。所謂「包容性」假如與西方夫妻典範的特性放在一起說明，也如前項同樣地更為清楚。西方夫妻典範與包容性相對的特性是「排他性」（exclusiveness）。

所謂排他性就是不能容忍其他第三者的加入，這一特性當然是夫妻關係的首要性質。從西方人或現代人的觀念看，夫妻之間完全是一對一的關係，是一種容不了一粒砂的關係，否則這一關係就會觸礁，甚至於破裂，所以它是一種強烈的排他性關係。但是相反的，父子之間的關係卻與夫妻關係不同，父子之間的關係絕不是一對一的關係，而是一種多多益善的心態，最少是所有的子女都一視同仁的，並且是盡可能包容的。兒子少可以收養、過房，甚至於歸宗。換言之，父子關係絕不像夫妻關係那樣的排斥性，而是盡量地包容的，這也就是包容性的意義。

以父子關係的包容性為典範加以擴大，那就是把兄弟的子

女都當作子女來看待,一般堂兄弟姊妹的「大排行」就是這樣出現的。再擴大之,則可及於宗族、民族等典型的傳統中國社會組織,這當然是千年來中國社會結構的基本原則,扮演了長久的社會整合功能。可是,這一包容的特性也經常會再擴大,而像延續的特性一樣,及於夫妻的關係上。然而這一擴大,就不僅止於小說的層次了,而是出現於行為實踐的層次了,我想這是傳統觀念中「三妻四妾」的深層心理基礎。

　　深層心理基礎有時是潛意識存在的,這樣潛意識的存在對特殊人格結構的人,特別是那些宗教虔信者,或者是激烈教派的追隨者,最易於流為幻想、幻覺,甚至於教條化、誇大化。彰化劉和穆先生應該就是這樣的人,他把父子關係特性教條化、誇大化,但是他的知識水準太低,所以他寫不出延續性的《七世夫妻》這樣的書,他只是過分地解釋父子的包容性,用父親看兒子的多多益善看太太,因此「娶」了十二房又意猶未足,從這觀點看,他真的是像我那位美國學生所說的:「把夫妻當父子了。」

　　劉和穆的故事只不過是千萬中極端的例子而已,他的「父子」夫妻論,只是茶餘飯後談笑的資料罷了,絕不可能為現代人所接受。不過,較為可憂慮的,倒是社會上的另一些人,假如潛意識地把父子關係的延續性、包容性,特別是另一項特性:「權威性」,無限制地擴展到社會、經濟、政治的各層面去,其所造成的傷害就更大了。

　　以父子關係為範型的家庭文化特徵,在當代臺灣的社會裡,

實際上仍然扮演很重要的意義，劉和穆的行為只是一個特殊的表露而已。例如父子軸關係中的另一個特性——權威性，在整個社會、政治的脈絡裡，幾乎佔了主導的地位；老人政治的型態、官僚系統中的強調上下關係而忽視平行關係、學校系統中的官大學問大等等現象，無不都是權威特性在作祟。

下面我們要再特別探討的，不是父子軸文化特性的三個主要項目，反而是其中一項較不受人注意的特性，那就是「非性」的特性，希望藉這一特性的表現，用以解釋今日社會上常看到的一些與色情有關的現象。

色情文化的根源

照許烺光先生原義，在父子軸家庭文化中，因為父子是同性的，因此以之為範型的關係都或多或少、有意無意地忽略兩性的差異，這就是所謂「非性」（asexuality）的特性。與之相對的，在以夫妻為範型的文化（例如今天的美國社會），則因夫妻代表兩個不同的性別，所以特別強調兩性的差異，以及其相互的關係。在美國社會裡，不僅個人在服飾、體型、行為上都強調其性別象徵，甚而是誇大其形象（例如對女性胸部與三圍的強調等）。在美國人的心目中，「性」不是神祕的東西，所以很多男女的親暱行為不必躲躲藏藏，在公開場合裡夫婦或情人都可以表現親密的行為。換而言之，在以夫妻關係為

範型的文化中,性不但不是被壓制或忽視的,強調「性徵」（sexuality）反而是其主要的特性。

在「非性」特徵很強調的傳統中國社會裡,個人性別的特徵是常常被抑制的,特別是女性的服飾、體型或姿態上都盡量不表露「性」的特徵。男女的關係是以授受不親為原則,未婚男女固不可接觸交談,即使已婚的夫妻也不可公開表露親密行為,有時在大家庭中,夫妻甚至要表現得很生疏的樣子,而在私室中且要講究「相敬如賓」。換而言之,因為父子軸範型的塑模,在傳統中國的社會裡,性的表現是不受鼓勵的,甚至是不允許的,因此對與性有關的事都以道德的立場來衡量之,性就成為一種罪惡,不但不可公開討論,也不可用之教育下一代：一切有關性的事都要遮蓋起來,或用代替的方法轉移之,總之,性就成為一件神祕的事。

在今日的社會裡,「非性」特徵的強調已減輕很多,但是「性」的神祕性仍然很明顯,性的問題仍然避免公開討論,與性有關的事也想盡辦法用別的方式、別的「名堂」來掩蓋或代替,在學校裡即使有性生理的課程,也語焉不詳,甚至跳過去而不教。根據報紙披露,有一項很突出的新聞,那就是一項研究結果顯示,目前國中的老師們有 70% 以上的人,其基本性知識都是不甚正確的,觀念不正確的老師所傳授的知識,其學生所獲得的自然就更不正確了,這就是「非性」文化延伸下來的結果。

「非性」文化在另一方面的延伸,則是特殊色情行業的普

遍。所謂特殊色情行業，就是一些表面上與「性」無關的行業，然而卻是藉以進行性交易的場所，其中最典型的莫如理髮廳。說到理髮廳大家都知道，在臺灣的大都市裡要找一處真正可理髮的地方可不容易，所以一般要理髮的人不是走遠路到郊區去，就是去女子美容院！有一次一位外國社會學家陪我逛臺北市時，忽然問我一個問題：為什麼臺北市霓虹燈最閃亮的地方大半都是理髮院，而在美國理髮店卻都是在最偏僻的街道上。我當時回答他只能說那是因為這些理髮廳大多與色情行業有關，並沒有真正回答他為什麼理髮院會與色情行業連在一起。其實這一問題回答的關鍵就在「非性」文化的脈絡裡，因為「性」是不可公開的，性交易更是罪惡的，所以只有找另一種招牌來遮掩它，業者就可以毫無顧忌地做起生意來，而光顧者也就有堂而皇之的藉口走進去，不必怕被別人看到，也可以免於自我責備，這正是傳統俗語「掛羊頭賣狗肉」最深層次的表達。

　　當然，也許有人要說，色情行業的轉入理髮廳主要是躲避警察的取締。這一說法非常正確，因為這正是同一問題的兩面表現。在「非性」文化的影響下，代表正統文化的行政當局當然不能容許性交易的公開存在。可是只要不是公開、明白地進行性的販賣，用其他形式為幌子而暗中有性的交易，倒是尚可容忍且可半睜隻眼視之，這是特殊色情行業的起因，但是沒想到在同樣的「非性」文化之下，行政部分可容忍的形式，卻是非常投合民眾之所好，那種似是而非、半掩半遮的場合，正是可免於被議論、免於自責最適合的地方，於是風助火勢就無窮

無盡的蔓延猖獗起來了,而理髮廳之外,理療院(藉治病之名)、咖啡廳(藉喝飲料之名)、MTV及KTV(藉視聽之名)等等眾多名堂的地方就普遍流行起來了,而且不斷地有新名堂出現,研究性社會學著名的蔡勇美教授,最近在一次演講曾提到一個新名詞——「釣蝦」,他說現在連海邊釣蝦也與色情搭上關係了。

綜合以上有關「非性」文化的思考,我們似乎看到,愈把「性」神祕化了,愈想阻止性的自然表達,性的禁忌就愈多,性的正確知識就愈被歪曲,倒過來就反而助長了無知的性行為,助長了特殊色情行業的更形猖獗,對於這樣把「性」看為神祕的文化特性,應該是作為一個現代人盡量要破除,而努力要加以改變的文化修養吧!

第十五章 孝的現代意義

我們在前兩章中談到以「父子軸」為重心的傳統中國倫理，以及因此而引起的種種不合於現代化的行為；但是並不是所有的傳統倫理都是有負面的現代意義的。其實傳統倫理中有許多項目如能用現代的觀念去處理它，仍然是很有正面的功能。譬如說傳統倫理中的核心觀念「孝」，即是可以發展為現代社會之所用者。在本節中我們就是要討論「孝」的現代化意義，也就是希望能以文化的觀點來討論這一主要傳統倫理觀的現代功能，以免如上節所說的權威僵化、過分包容，或無限延續，甚至於視性為神秘的等等不適於現代社會的現象出現，並能用之作為現代人的修養課題之一。

要建立孝的現代化意義，首先要分辨什麼是孝的真義，什麼是孝的形式；換言之，我們應先認清什麼是孝的真義──孝道，而不可將孝道與孝的形式──孝行混為一談。什麼是孝的真義呢？其實孔夫子所說孝的真義是很簡單清楚的，並不像後代所加添的那樣繁複。《論語・為政篇》孔子答孟懿子問孝說：孝是「無違」。無違的意思並不是無違父母的意見，而是無違於禮，所謂父母「生事之以禮，死葬之以禮，祭之以禮」的禮。又答孟武伯說孝是使父母無憂，答子由則說孝是奉養之外加以敬重。〈里仁篇〉又說「事父母幾諫」，幾是微的意思，諫是勸諫，換言之，對父母可以作些微勸諫行動。

由此可見，孔夫子心目中的孝是事父母以禮，使無憂慮，奉養尊敬而已。孔夫子並未說對父母要屈從，他更未提到「天下無不是的父母」的話。孔夫子孝的境界很著重於雙方相互的關係，而不是單方的順從，也就是父慈子孝的關係。他沒有說父母一定是對的，甚至父母有錯，做子女的也可用緩和的方式來勸解（也就是前面所說的幾諫之意）。對於為子女者，孔夫子鼓勵做到恭、慎、勇、直的行為，但是恭、慎、勇、直的行為都要止於禮的界限，也就是前文所說的事父母以禮的禮，特別是恭慎假如超出禮的範圍，就會變成虛偽與畏懼。對父母虛偽或過分畏懼而屈從，就不是孔夫子所說孝的真義了。

孔夫子所認為孝的真諦，實是很能適合於現代社會的倫理規範，因為這是一種著重人倫雙方相互關係的規範，一種分辨是非的行為準則，更明白地說，這是一種富有民主精神與科學精神的倫理標準。在現代的社會，我們要實行的孝是有民主精神的孝；有民主精神的孝是親子雙方愛的相互表現，而不是一方面的嚴厲，另一方面的屈從。同時在現代社會要實行的孝是有科學精神的孝，有科學精神的孝就是能明辨是非，認清自己的角色地位與應有的責任義務，而不為教條所束縛，我想只有這樣子的孝才是現代社會所需要的孝。

親子關係的角色意義

根據上文的闡釋而用社會科學的話來表達，我覺得孝就是

維持和諧溫暖的親子人倫關係。維持和諧溫暖的人倫關係在現代社會中是非常重要的，因為現代社會的急速工業化，使人與人之間有如機器對機器，人際關係變成十分機械化、刻板化，再加以個人主義的極致發展，人對人的關係不是目的本身而經常只是一種手段，由此社會變成十分冷漠無情，自私自利。現代社會要實行孝，就是要以文化中最突出的倫理精神，也就是和諧溫暖的人倫關係，來彌補工業社會的機械化與冷漠無情的人際關係。

但是傳統農業社會的倫理規範，總有些不能配合工業社會的人際關係之處。我們如何推行傳統的人倫關係以彌補工業社會之缺失，而又如何使這些傳統規範不至於妨礙工業社會的正常發展呢？從社會科學的觀點而言，所謂人際關係都可分解為一些角色的因素，分析這些角色關係，我們就可以瞭解哪一些是較合於現代社會的，哪一些是較不適於現代社會的；那些適合的我們就設法發揚光大之，那些不適合的就不予提倡，這才是合乎現代社會需要的文化修養。下面我們就親子角色的三點基本關係來再加討論。

角色的特定性與蔓延性

角色的特定性（specificity）與蔓延性（diffusive）是一組相對的概念，這是指角色關係是否有範圍的限制而言，有些角色

關係限制於特定的範圍內,超過範圍就不能發生作用了,

例如雇主與雇員之間的關係即是;但有些角色的關係則範圍不定而延及各方面,親子的關係是最好的例子。

我們傳統中國親子關係的蔓延性是最無限制的一種,這也是最值得檢討的一方面。傳統社會裡,子代對親代的服從是無限制而非特定的,親代的權威是無所不在的,不管在任何情況下,親代甚至於尊長者的權威是無所不及的。在這裡我們可以用學生或部屬發任何請帖邀請老師與長官參加活動,都用「光臨指導」的比喻來說明,在這個例子裡學生們或部屬們認為只要是老師或長官,不管任何場合都應該居於指導的地位,所以一概請他們光臨指教,而不論他們是否能指教,這就是他們沒有弄清楚角色關係的特定性與蔓延性,而這卻也是我們社會上常看到的事。在此,我要強調的是在角色之間,要限制其權威性的程度,可以發揮的發揮,不能發揮或超過其能力的則應限制,如此才合乎現代社會的需要,親子關係如能依此而稍改變,則孝道就能很自然地適合於現代社會了。

角色的相互性

一對角色的關係並非單向的,而應該是雙向的才能維持其和諧。親子之間的關係要適應於現代社會就應該維持雙向的關係,能夠相互溝通、相互體諒、相互瞭解,而不是一方交代一方聽命,或是一方嚴峻一方懼怕的關係;儒家所說的「父慈子

孝」，本來就是很著重這相互的原則（reciprocity），後來不知道為什麼把前兩字忽略了，而只強調後一部分，這是一種很不合理的改變，我們如要推行現代化的倫理關係，一定不要忽略這相互的原則。

角色的平等性

要維持親子關係的相互性，就應該注意到「人」的平等性（equality）。所謂平等性並不是不重視尊卑輩分之分，在地位上，長輩是尊親，應該受晚輩的敬重。但是長輩對晚輩，也應尊重「人」的存在，不能忽略其地位，更不能漠視其個人的尊嚴，在作為「人」的條件上，無論是尊是卑，都是平等的。親子之間如能互相尊重其「人格」的存在，就易於和諧相處而不至於有隔膜，能和諧相處就能培養出互愛的精神，能互愛互諒，就會有溫暖的親子關係。

教孝的若干原則

上文我們把孝在現代社會的內涵與意義說明之後，現在應該談如何教孝的問題了。說明或瞭解一件事與如何教給別人有關那件事經常有很大的距離，就如一個學問很好的人未必就是一位好教授，假如他沒有好的教學技巧與方法，不能有條理而按照學生的需要加以教導，再好的學問也無法傳給別人的。因

此知道孝的內涵與意義是一件事，但沒有合理教孝的方法也就不易於使下一代的人懂得而去實踐它。本節擬就教孝的方法提出幾點原則性的意見。

（一）教孝不能用神話式或者稀奇古怪、出乎常情的例子來教育下一輩，因為那些神話式或出乎常情的例子會使兒童產生推拒的作用，認為那是不合理的，不可能做到的，因而認為孝是遙遠不可及的行為標準，一般人做不到的，也就忽略它，不願意去實踐它。假如要用例子教孝，我倒覺得最好採用現代人的例子，使兒童覺得有真實感而合乎他身邊生活應做的事，這樣應更易於推行真正的孝。

（二）教孝不能用強迫、權威或教條的方式，否則也會使兒童產生推拒。特別要注意的是不能用權威或強迫性的例子來教孝，我們經常在電視上看到父親要子女跪下來認罪，或者動不動就是給子女一個耳光，口裡還說打死你這個不孝子，這種例子都是不對的，愈用這樣的例子，愈會產生抗拒，而結果經常是適得其反的。

（三）教孝要用理性的、合理的、循循善誘的辦法去做，而且要以身作則，才能達到最有效的目的。假如自己都做不到的事，自己都認為少數人才能達到的事，卻要強迫下一代如此做，試想這怎能有結果呢？講理性的又能體會身教重於言教的原則的，必能栽培出有孝的子弟。

（四）孝是日常生活的行為規範，所以需要用平實的方法來教導。假如只鼓勵或宣揚一些突出的例子，也會使一般人產

生推拒的心理，認為那是傑出人物的行為，我是普通人，做不到那樣的事，這就與教孝的目的背馳了。教孝的目的不是要產生一兩個很有孝的人，而是要使我們全體的國民都能實踐孝的一般規範。

（五）教孝是一種長久的事，因此我們要瞭解一種持久的制度經常要滿足社會與個人兩層次的需要的，假如滿足了社會而不能滿足個人，這種制度也就不易於持久。某一種制度因社會的需要，由知識分子、政府或社會團體的鼓吹，會在一段時間內行於社會，但是這種制度的存在，假如未真正也滿足個人的需要，那麼其持久的可能性就很小了。所以我們要教孝，一定要瞭解大部分個人之所需，然後針對這些需要灌輸適合的倫理觀，才會有長久的效果。

在我們當前的社會中，倫理關係已很鬆懈，不管是怎樣現代的社會，人與人的關係總是最根本的社會合理運作因素，現在談孝也許顯得有點過時而老古董了，但是從孝的原則中體認人際角色關係的意義，無論如何還是重要的一種文化修養。

第十六章 倫理的再擴展

　　前一章我們討論「孝」的現代化意義。「孝」是吾國傳統倫理的核心，希望「孝」的意義可以現代化，也就是希望傳統倫理可以用之於現代社會，以發揚我們文化的精髓。但是，傳統時代的倫理無論如何是發展自傳統社會的東西，不論如何希望它現代化，總是有其限度，總是不能完全適合現代社會之所需，因此近年來就有關心社會發展的人提出擴展倫理領域的說法。例如李國鼎資政、前臺大校長孫震先生等都曾提倡傳統的「五倫」之外，應該有個人與群體之間的「群己倫理」，或稱之為「第六倫」。這樣傳統倫理領域的擴展實際上是很有意義的想法，很具有創見，也很可幫助我們行為準則的現代化。可是社會上也有些人對這種想法有疑慮，恐怕「五倫」被延伸擴展之後，倫理的精神就會被破壞，再要撿回來就不容易了。這種疑慮也有其道理在，最少應該加以討論辯白，才能使倫理在現代社會中更能發生作用，不致故步自封。本章即是要針對這問題加以討論。

　　我們在前面幾章中的討論，都認為以「倫理文化」為整個中心也是中華文化的特點，作為中華文化的傳人，我們也經常以這一文化的特徵自傲。但是，關鍵的問題在於不要把倫理關係的形式與內容混為一談。我們是一個注重「倫理文化」的社會，也就是說我們的文化精髓是講究人與人之間關係的和諧合

理，我們以人與人關係的維持作為一切文化活動的主軸或基調，這是一種文化形式的特別表現，但是這一形式的表現卻不能與文化的內容混而為一。注重倫理關係，注重人與人關係維持的這一形式表現，與那一些人與人的關係應該特別著重的倫理內容並非一件事。實際上數千年來我們的倫理關係內容不知經過多少次變化了，也就是每一個時代對那一類人群關係的注重必隨時代的不同而有變化，可是，數千年來我們的文化以注重倫理關係的這一形式卻沒有改變。換言之，我們中華文化的精髓是在於講究人與人相處的倫理形式上，但是注重那一類人的倫理關係內容卻可因時代不同而有變化。現代的社會與過去一兩百年的社會已有很大的不同，那個時代的倫理內容一定與現代社會的需要有不合之處，我們不但要把傳統倫理內容加以擴充或修正，過去沒有的項目也要增添與開拓，這才能配合現代社會的需要。但是，不論內容的如何擴大或修正，項目的如何增添，中華文化講究倫理的這一特點卻毫無改變，不但毫無改變，而且更為豐富，使我們的倫理文化更為豐富，更發揮現代的意義。

群己的倫理

假如我們能同意倫理內容的增加無損於我們注重倫理關係的文化特色，那麼我們才可進入討論哪一些倫理內容應該擴充或修正，哪一些倫理項目應該增添。

第十六章　倫理的再擴展

我國傳統時代所特別強調的倫理內容是「五倫」，這是在一個較靜止的農業社會中所能發展的最精緻倫理關係，但這些特定的倫理內容其實踐的範圍都是有限度的，實際上它都是以與自己有直接關係或特殊關係的人為對象，超出這個關係的範圍則難於適用，這也就是社會學上所說的特殊主義（paticularism）的倫理關係。但是這種特殊主義的倫理關係在現代化工業社會中就出現許多困境，在工業社會中我們接觸的人經常遠遠超過與我們有直接關係的群體，對這些沒有直接關係的社會大眾之間如沒有規範可作行為的準則，則社會秩序混亂，公共利益受損。對於如何把傳統的五倫擴充其內容以適應現代化人際關係的需要，早在多年前，李國鼎先生與孫震、文崇一諸先生都曾提倡過「第六倫」或「群己關係」的倫理，可說都是這一理念的推展。

李國鼎資政在他的文章中曾這樣說：

> 這些現象說明了一個共同的事實，就是儘管我們是一個文明古國、禮義之邦，一向重視倫理，然而我們對於個人與陌生社會大眾之間的關係，則缺乏適當的規範。很多人貪圖私利，罔顧公益，自己既不感到良心的譴責，社會也不給予應有的制裁，公德敗壞，幾乎成為一個沒有規範（normless）的社會。社會是一個工具，幫助我們解決生活的問題，充實生活的內涵，使生活更豐足，生命更充實。但是為了維護這個工具的有效性，我們都需要接受一定規範的引導和約束。因此，我們需要在傳統的五倫之外，再

建立第六倫。

一個社會如果過分重視五倫，第六倫不彰，則遵守五倫可能成為違反第六倫的理由，《水滸傳》一百零八條好漢，為了情同兄弟的朋友之義，可以殺人放火，打家劫舍，而仍感到像在替天行道。這種為小團體之義而破壞大團體之利的行為，即在目前，在我國仍以不同的形式流行。社會學家指出，過分重視家屬親族之間的義務，是貪汙發生的一個重要原因。強調五倫，忽略個人與社會大眾的群己關係，使社會不能達到統合（integration），因而國民成為「一盤散沙」。

我們的國民一向重視倫理，但在實際生活中，我們所重視的往往是私德而不是公德；從社會的觀點看，公德比私德更重要。公德式微的直接後果，是敗壞社會的秩序、和諧和安寧，使生活素質降低，間接後果是損傷社會作為一個促進個人福利的工具的有效性，最後終於阻礙經濟的發展。文化原為一個整體，因此一個國家不可能長期保有進步的經濟和落後的國民。

兩性倫理

其實從更寬廣的角度看，群己的倫理在現代人際關係之間固極為重要，但是要使現代人在相處之時更合乎時代的需要，若干更細節的倫理關係也應予以規範。首先應該探討的應該是「兩性倫理」。也許有人要說，「五倫」之中已有夫妻之倫，

何用再有「兩性倫理」？這種想法未必是正確的，因為兩性的關係不能只限於夫妻的關係，而實際上在現代生活裡，兩性的關係的確遠超出夫婦角色之外甚多，我們在前節中討論「非性」的特性上已說明這一問題。譬如在家庭組織上，現代與未來的家庭形式也有多樣性的變化，目前已逐漸被認識的包括有單親家庭、組合家庭、同性戀家庭等等。又如名著《第三波》（*The Third Wave*）作者托弗勒（Alvin Toffler）在他書中尚提到的「電子大家庭」和「公司夫婦」等。這些不同形式的家庭，無疑是需要更合理更寬廣的兩性倫理來作為規範不可。何況兩性倫理實際上並不僅限於家庭之中，現代青少年的性知識與性關係、現代職業範圍內的兩性共同工作關係、老年人的性態度等等，都急需有更合宜的兩性倫理來作規範，否則現代生活無法合理地維持。假如從更長遠的眼光看，現代生物科技的發達，使生育的型態有基礎性的改變，試管嬰兒的無限制發展，不僅父母親角色大有改變，兩性地位與責任更是未可預測，這些問題看似遙遠，實際已迫在眉睫，假如不能對兩性倫理深加探討，社會生活的安定將成為極大問題。

關於兩性倫理的建立，可以作為思考的資料的，比如我們在前節中提到的許烺光院士所說的中國家庭的特性問題，其中「非性」特性最與我們討論的主題有關。許先生所說的這種傳統「非性」的特性，在現在與將來的生活裡，是否可以有助於新的兩性倫理的建立，就如托弗勒所說的傳統的第一波倫理，與即將到來的第三波倫理反而有其共通之處，這正是我們應努

力探討的方向,也是表現我們的特殊文化修養之處。

教育的倫理

其次應該談的倫理項目是「教育的倫理」,或者說是教育的基本態度。臺灣師範大學的張春興教授在〈為健全的成人生活作準備〉一文中曾鼓吹,現代的教育應該著重於前瞻性的生活準備取向,而不應該是保守性的文化傳承取向。後者重文化傳統,尚規範遵守,應該是過去的取向;前者尚現實效用,重未來發展,所以是現代教育應有的目標。張先生又認為教育的過程與實施,應該從受教者的立場出發,使他們經由外鑠的認同而發展到內發的統整;先經認同以接受他律性的行為規範,而後再經統整形成自律性的獨立品格,這才是真正理想的道德倫理教育,才能完成健全成人生活的準備。張先生更認為配合現代社會青少年心理的發展狀況,設立規範一致的倫理教學環境,使學生經由合理要求的他律遵守,逐漸發展成道德自律的健全品格。此一構想,主要是應揚棄以往學校教育上「管訓」的作法,改用青年心理輔導的觀念,先導其向規範認同,而後輔其自我統整以期達於自律的成熟。

已故人類學大師瑪格麗特·米德(Margaret Mead)在她晚年的著作《文化與承諾》(*Culture and Commitment*)一書中曾提出一套教育與文化的觀念,也就是所謂「後塑型文化」(Post-figurative Culture)、「同塑型文化」(Co-figurative

Culture）與「前塑型文化」（Pre-figurative Culture）的說法。所謂後塑型文化是指傳統時代的文化，在那個時代文化的發展極為緩慢，文化傳承的學習都是由前一代教給下一代，兒童都跟隨父母親及前一代的人學習，所以稱為後塑型文化。在近代工業社會裡，文化變遷至為快速，上一代的知識已不足以教導下一代，所以年輕一代只有向同一輩的人學習，所以稱為同塑型文化。但是在即將來臨的時代，社會變遷更為快速，一個人實際上無法預測將來是什麼樣子，應該學習什麼以應付未來，所以唯一的辦法就是塑模我們的兒童有一個成熟的自我統整而又開放的人格，可以為未來生活作準備，可以應付未來的種種變化之彈性人格，而非僵化保守的胚膜，以接受未來的挑戰，所以稱之為「前塑型文化」。我想米德的這一套觀念與前引張春興先生的現代教育的看法可以說是極為相近的，我們所應持的現代教育倫理的基本態度也就是如此。

　　但是，問題仍在於如何才能塑模我們的兒童有能力應付未來的衝擊呢？《第三波》的作者托弗勒也在這方面提供了若干有啟發性的觀點。他認為工業社會的教育創造了它自己的桎梏，工業心態輕視不能數量化的觀念，它經常讚美嚴格的規律，而懲罰想像力，它鼓勵將問題分解成個別因素的能力，而不著重於拼湊零碎因素成為一完整的綜合能力，這是一種分析家的教育，而不是綜合家的教養，所以使人類很快地淪為一個過於簡單的「原生質單位」，希冀為任何問題找出一個機械化的答案，而不是整體的答案。托弗勒認為對這種趨勢的反抗，是人類找

回自己的關鍵所在，也是未來文化發展的主要方向，他稱之為「科技革命的人性化」。我想他所說的尋回完整綜合的人性的想法，正與張教授以及米德的教育觀念有共通之處，這種追尋綜合、統整而且具有創造性的人性，也是現代人本主義精神再度高漲的根源。所以在現代的環境下我們如何盱衡當前的需要，重新探討傳統儒家的人本主義精神，而為現代青年健全人格教育之所持，應是研究文化修養的重要課題。

消費者倫理

另外一項應該加以提倡的現代倫理，可以稱之為「消費者倫理」。這與生態倫理一樣都是現代社會特有的生活倫理。所謂消費者倫理自然包括生產者對消費大眾誠實不欺、以合理的方法銷售貨品、以適宜的方式賺取利潤等等。有人也許要說這種誠實的商業道德在中國傳統倫理早已有之，所謂「貨真價實」、「童叟無欺」等都是這一倫理最通俗的表現。自然，在傳統中國的行為規範中，確有不少可以發揮成為現代商業行為的標準者，特別是有關「義」的觀念，在傳統人際交往關係中所佔的地位，更值得加以探討發揚。不過，所謂消費者倫理，並不是僅僅以誠實不欺或講義氣為主要內容而已，消費者倫理更重要的內涵表現在「愛管閒事」上面。傳統的觀念經常認為「事不關己，不必多管閒事」，甚至於是「自掃門前雪，不管他人瓦上霜」，這種傳統態度實在不適合於現代社會了。現代

社會的人，應該具有寬闊社會責任的意識，應該是從消極的態度變為積極，特別是在有關消費的問題上，即使不關自己的事，但遇有不法的商業行為，甚至其他有害社會的行為，都要勇於告發檢舉，勇於提出抗議，使這些不法行為無可遁形，這樣才能建立一個無欺的社會，大家以誠實相對，破除消極態度，採取積極態度，那才真正是合乎現代化生活的態度與文化修養。

知識的倫理

再有一項現代社會的倫理更值得努力提倡的，那就是知識的倫理。在現代社會變遷快速、社會結構複雜、科技極為發達的情況下，知識是一種使社會走上合理化的重要動力。假如知識被尊重，被合宜使用，這個社會也將較有秩序；反之，知識假如不被尊重，不被合宜使用，那麼這個社會將走上幻滅之路。在我們目前的社會中，知識被尊重的程度至為可疑：知識的產品不斷被盜用，不斷被冒領，知識分子所給予的報酬，遠遠落在技藝人員之後，兩者相比之下，根本不成比例。社會大眾所羨慕、所仿效的，仍舊是歌星、影星，以及那些不必花太多工夫就可獲得高利的行業，知識在這重利的社會中是不被尊重的。

其實知識的不被尊重，有部分是來自知識分子本身。部分知識分子常常不顧知識的尊嚴，為了名利，為了地位，為他的雇主提供不實的知識，甚至埋沒良心為雇主作知識的護航，這才是最可痛心的事，所以今天這樣一個急需真實知識的現代社

會，提倡知識的倫理確是非常重要的。在這情形下，傳統時代知識分子的那種剛正不阿、講究氣節的精神，正可以為發展知識倫理的模範，也是最不可忽略的文化修養。

第十七章 人治與法治

　　我們在〈行的文化〉一章中曾引用李國鼎資政的一則故事，說外國人覺得很奇怪，為什麼我們在宴會場合要那麼「序齒」、講禮節，但在街道上開車卻又是那樣不守法。這個故事不但說明我們只懂得講有關係的人之倫理，而不注重對陌生人或公共團體的公德心，而且也表現出我們民族性不懂得守法的一面，這也就是一般所說的我們是一個人治的文化，而不是法治的文化之原意。

　　所謂人治的文化，並非說我們完全沒有法律，事實上我們的法律多如牛毛，並不比西方法治社會的法律少多少。只是說我們國民的內在守法精神不夠、對法律不尊重，執法的人自己也不太公平地施行法律，經常因人而有不同的標準。這種欠缺內在守法精神的現象，實在就是我們在本書一開始就強調的與我們的內在文化法則有關係。我們是一個著重人與人關係倫理而較忽視形式規則的民族，這是很值得檢討的地方，也是本章所要加以討論的重點所在。

　　要說明人治文化與法治文化的差別，最好是採用比較說明的辦法，所以我們要先從西方法治社會的根源說起。西方法治社會的源起實與他們的宇宙觀，或者更清楚地說是與他們的宗教觀念有密切關聯。基督宗教的《聖經》在創世紀一開始就講亞當與夏娃在伊甸園裡如何受引誘而犯罪，因此作為他們子孫

的所有人類也就成為生來就有罪的人。這種「原罪」的故事，一方面固可當作是神話去看，但另一方面神話也可解讀其「迷思」的原在意涵。以現代文化學的觀點來看，「原罪」的神話其實只是要表達古代西方人對「人」本質是「不能完美」的理念，也就是說古代猶太人的宇宙觀中認定「人」是有缺陷的，所以是能不完美的；然而這種認定是主觀的，不易證明的，因此想出一套神話來肯定它，也就產生「原罪」的故事。可是，人是不夠完美的，什麼是完美的呢？那就是上帝，上帝是完美的，所以祂就不是「人」，因此上帝是「神」，人神之別就在此，也許用非信仰的觀點去說明，上帝是人類追求完美的理想所寄。

再說西方人因為假定人是原罪的，也就是生來就有罪，因此是不能完美的；由於這一與生俱有的特性，所以他們向來相信人的存在是必須要約束規範的。人的道德倫理必須靠「神」的誓約來規定，這也就是《聖經》中「十誡」的由來。不但人與神之間要靠「聖誓」，人生活在社會中更要靠「法律」、人與人之間要靠「合同」、人與公司之間要靠「契約」，而國與國之間更要靠「條約」來維持合理的關係，這也就是西方人從古代一直到現在都是那麼重視各種法律與合同的基本原因所在。他們在內心裡認定這些規矩是非常必要的，假如沒有這些誓約與律法，人的不完善面就要作祟了，所以他們不但訂法律，更重要的是他們從心裡尊重法律，因此人人遵守法律，即使犯了罪也服從法律的判決，很少有討價還價或因人而異法的情況，這就是所謂「法治的文化」。

從這樣的觀點來看我們自己的文化，其間不同之點就很明顯了。我們的宇宙觀中從來就沒有把「人」看作是生來就有罪的觀念（所以不會有亞當夏娃的神話），實際上我們的文化觀念一向是把人看作是可以完美的，也就是一種「原善」的觀念。人既然是可以完善完美的，所以就不需要假定有一個「非人」的完美之神作為追求的理想、目標。事實上我們中國人自古以來所信仰的「神」都是人「昇華」而成的，試看媽祖、關帝、祖師爺、開漳聖王、保生大帝、文昌帝君、恩主公，各種王爺哪一位不是古代的人，而他們都是因為對人民社會有貢獻，曾經神跡顯現拯救民眾而被尊奉為神。這就明白地表示「人」只要靠自己的努力，修持自己或為社會貢獻自己，就可超越人的境界而臻於相當完美的神之境界。因此我們中國人並不假定一個完美至善的上帝的存在以作為理想目標，我們只描述聖人的形象與事跡，以為一般人的典範。同時，在另一方面，我們也因此而不強調什麼誓約、律法等外在形式的東西來約束人的行為，我們強調可以用內心修持的方法而使人的行為循規蹈矩；我們著重於內在的修持，我們教人民學習聖人的典範，所以我們的文化一向以「內聖外王」來描繪和期望為政的人，這就是我們的社會屬於「人治社會」的根源。我們不是不要法律，而是因為認定人是可以自我完美的，所以認為要靠外在法律契約的力量來約束人，實在看低了人的本質了。

如前面所分析的，中國人與西方人的人治與法治的差別，實在是源自文化深層的假設，因為對「人」存在的想法不一樣，

所以會導致對行為約束規範的不同立場。若從客觀的觀點而論，我們文化中對「人」的態度實在是很尊重人的本質的，它給人予無限可能的期望，並且鼓勵人們藉自己的勢力向上以遠超越於「人」的境界，所以由創造許多先聖先王的神話或故事以為人們學習的典範，這種態度實在比起先假定人是生來就有罪的想法更能尊重「人」。但是問題卻在於我們這種「原善」的人觀似乎太理想化了，認為所有的人都可靠內在的力量而達於至善，而忽略了外在力量約束對於一些人來說也是很重要，甚至是必要的；尤其是在現代的工業社會裡，人際關係非常繁複，社會網絡與權利義務關係更是錯綜複雜，再加以科技發明與國際關係的種種情況，在在都是需要形式的律法來規定約束的，因此我們就不可能再忽視法律的意義了。我們固然可以依舊肯定人的向善本質、開拓人的內在能力，但是也應該有法的規定，特別是要養成守法的精神，那才能使我們的社會適應現代的境遇。鼓勵內心的開拓，發揮人內在的潛能，但是也不忘了教他們以遵守外在的社會規則，服從法律尊重規範，應是新一代中國人最要追求的修養境界。

第十八章 文化與管理

我們在前一章中說到人治與法治,也明白地指出我們的文化是偏於人治而較忽略法治,這種忽略法治的文化不但使我們的社會不崇尚法律生活,即使有法律也不能嚴格遵守與執行,而且更重要的是在企業管理與工商經營上,也因為忽略法治而有很大的缺陷。大家都知道,在現代工商業的經營上,合同、契約以至於法律條文的約束根據都是很嚴格的,尤其是跨國公司的出現,其間牽涉到法律的問題更複雜,並不能像傳統的工商業,只要人情關係就可以辦理,所以我們偏重人治而忽視法治的文化,在現代工商經營與企業管理上是有很不利的影響。

其實不僅是法律的觀念影響到企業經營管理,一個民族的文化特性與企業管理也是有密切的關係,或者更明白地說,管理本身就是一種文化表現的方式,所以當代管理學上常常會出現「美國式管理」、「日本式管理」等名詞。這種文化與管理之間的關係假如要用我們自己的例子來說明,那就莫過於「家族企業」與「人情關係」的現象了。中國人以家族為最主要的社群單位已如前文所述,家族觀念的頑強使企業的管理與經營都有濃厚的家族色彩,不但資本由家族成員共同累積,經營與管理也都與家族不能分開,人事的任用都以親屬關係為準則,而不注重工作成就的標準,財務的管理更屬「私房錢」的型態,缺乏公開收支與長期投資的心態。凡此種種都是使國內的企業

組織不易走上現代化的道路，只能在中小企業的層次上發展，較不容易在大型企業的層次上與他人一爭長短。人類學家陳其南先生曾在一篇稱為〈企業組織的基本型態與傳統家族制度〉論文中，很有趣地比較中國和日本在家族形式與承繼方法上的差異如何影響了企業管理與經營。依照陳先生的說法，中國人的「家」和日本人的「家」雖然都是同一個漢字的「家」，但是在內涵上卻頗有不同，而其間的不同影響企業的經營就很大了。綜合而言，中國人的「家」較著重於血緣的繼承，是一個純血緣的群體，而日本人的「家」在血緣上則是較次要的因素，日本人的「家」更像一個事業共同體，參與共同體的人不論是有血緣或無血緣者，只要是對「家」有貢獻者，即可成為「家」的一分子，甚至可以成為「家」的主持人。由於這種家的共同體觀念的推衍，日本企業的經營者都把公司看作「家」一樣，努力要延續家業，這與中國人要延續血統頗不相同，他們不但努力使「家業」長久延續，而且在共同體中的成員都認同於這一組織，就如家庭成員不能離開「家」一樣，培養出一種「終身服務」的精神，以能夠終身在一個公司內工作為榮，這又與西方的觀念能夠不斷升遷於不同機構才會受到尊敬大相逕庭，所以日本人的企業組織內的成員向心力很強，大家都認同於組織，努力為公司的延續與繁榮而工作。

在財產的承繼上，日本人的家制也與我們頗有不同。日本人的家產是由長子承繼，次子以下則須自己到外面發展，由於這種家庭單線承繼的制度，影響所及也使企業的延續較為方便。

而我們的財產承繼方式，則是諸子平分的制度，假如一家中有四個兒子，則財產到了第二代就要四分五裂，而不易集中於企業的經營。由於這種家制的差別，所以陳其南先生曾玩笑地說，我們的企業如要學日本人「以廠為家」的口號是不成的，日本人的「以廠為家」確能使員工認同而凝聚，中國人的企業組織如要「以廠為家」，學「家」的性質，那就是要很快地分「家」了，他並且認為分家財的制度，也是使我們的企業界常有「寧為雞首，不為牛後」的風氣，這都是不利於現代大企業經營的因素。

有沒有中國式的管理？

雖然說我們的守法精神與家族觀念都不利於現代化企業的經營，可是我們仍然被稱為「亞洲四小龍」之一，我們的經濟發展仍然被認為是一件不可多得的「奇蹟」，自此也就有很多學說企圖要說明這經濟成長背後的文化原則，最常見的是所謂「儒家倫理與東亞經濟成長」的說法。根據這一類的說法，認為傳統儒家的精神實際上仍有許多特點是有利於現代經濟的成長與企業的經營的。例如美國波士頓大學的社會學家彼得‧柏格（Peter Berger）教授就曾明白地指出，儒家思想對一般人民的影響是包括一套引發民眾努力工作的信仰與價值、一種對家庭這一群體毫無保留的奉獻、一種重視規矩與節儉的規範、一種深化的階層意識，以及重視和諧、團結的感情。這些特點不但確實是可以在一定的環境下創造繁榮經濟的果實，而且也可

以看作是有利於企業經營與管理的因素，譬如說重視規矩與節儉的規範，如何轉化成「管理學」上的正面條件，就是很可深加討論的。節儉是一種美德，在企業經營時節儉、勤勞是成功的重要條件，但是過分的節儉則無法使企業真正有所擴展；又如重視規矩與守法的差別在哪裡，重視規矩是不是著重於「人」所交代的規律與矩範，而守法則是遵守客觀而無人的因素牽涉的形式條規？其間的轉化運用都是要視主持其事者的把握了。再說所謂階層意識可以說是指中國式人際關係中著重於上下聯繫的關係，這種上下聯繫的人際關係，固然有如前節所說權威性的傾向，但是卻有利於命令快速有效執行的方式，這在管理系統中實是很重要的因素。當然上下聯繫的人際關係比平行溝通的人際關係較缺乏平等部門與平行地位人員相互溝通的管道，也是很明顯的困難所在，如何把握兩者之間的均衡，也是主事者應加以重視之處。再說所謂重視和諧與團結的感情這一特點，同樣的也是端看如何運用的情況而定；團結和諧可以眾人一心完成艱鉅的工作，但是過分的重視和諧就會走上鄉愿和稀泥之道，那當然也不是管理者所願看到的事。總之，在儒家精神之中，或者更直接地說中國文化的傳統意念之中，固有許多像上述彼得‧柏格教授所說的有利於企業經營管理的因素，但是這些因素也是相當具有兩面性的意義，如何真正運用之以合現代化企業之所需，卻是主事者與管理者要多加思考之處了。

本書作者曾在一篇題為〈臺灣民間宗教的現代化趨勢──對彼得‧柏格教授東亞發展文化因素論的回應〉論文中，對我

國傳統民間信仰若干特性與企業經營有所關聯之處加以探討，臺灣民間信仰型態的長期研究與觀察，我覺得從民間信仰的一些深處原則來看，最少有三方面是在一定的程度上與企業的經營、管理有密切關聯的。第一方面是明顯功利現實的心態，這種心態促使人們轉化超自然信仰的理念為企業經營的企圖心與競爭心，不但個人藉這種信仰理念而從事企業經營，而且許多群體或組織也藉這信仰的力量推動其經營與管理的方向。第二方面從民間信仰神明的種類與數目的無限度擴大過程，我們也看到那種只要是有利於己者就可包容供奉心態的顯露，而這種心態表現於企業行為上的則是多種選擇、多方試探以至於多角經營、關係企業的手法，這應是國內企業界最常見的現象。第三方面，由於民間信仰的興盛，所以與之有密切關聯的神祕數字或「術數」的風氣也因之極為盛行，這種神祕數字或「術數」的盛行，一面固然引起賭博風氣普遍流行，另一面卻也促成了種種較大膽投機、冒險的行為，這也是國內企業界常見的現象。從這些民間信仰態度所影響的企業經營與管理行為看來，我們依然可以看出，傳統文化法則對現代行為的表現，一方面有正面的意義，但另一方面如未能理性地運用，也容易導致很多不健康的行為，如何解讀運用這些文化特性以為現代企業管理之用，正是很現實的文化修養。

第十九章 風俗習慣的合理化

有一次我去參加一個朋友的博士女兒訂婚禮，事前朋友就打電話來說明這是一次傳統的訂婚儀式，要守很多禁忌，希望我們務必遵守。首先是要守時，因為他們已算定十一時一刻是良辰吉時，非在那個時候開始行禮不可；其次是要帶紅包，作為回禮之用；而最重要的是宴席完了以後，一定不能說「再見」，因為訂婚禮不能再來一次。我心裡雖想現在是什麼時代了，還來這一套，何況兩個博士訂婚，還這麼不現代化，但覺得這也無傷大雅，隨風入俗也就大家歡喜了，所以我也一切照辦了。到了宴會當日，雖覺得一切都太形式化了，但過程仍算很順利，大家也都吃得很高興。可是，到了酒席快完之時，準新郎家的人竟一個個都溜走了，連話都沒說一句。不一會兒大家才發現幾桌原本熱鬧的酒席竟成殘存的少數人，整個喜宴頓時令人有「不歡而散」的感覺。當時我心裡大有感觸，為什麼會變成這樣子呢？不說「再見」也許是禁忌的一種，不願再來一次訂婚，這倒是情有可原，但是不說再見是可以在其他歡欣的氣氛下，或者用其他言辭交換的情況下退席，用不著這樣偷偷摸摸似地溜出宴會廳。這實在是做得過頭了一點，實際上也是把原先想忌避的事反而加強了，這恐怕不是風俗的原意吧。

婚喪喜慶的典禮中，其實常常出現許多令人啼笑皆非的場面，只是當事人都不懂，而懂的人又大都不願在典禮中說破，

以免破壞氣氛,因此也就將錯就錯,甚而錯得離譜了。譬如在婚禮結束時,為了要增加慶祝歡愉的氣氛,參加的親友就會向新娘、新郎身上撒花紙、丟響炮,這本來是西方人的風俗,表示一種莊嚴典禮完了的歡樂慶祝行為。但是在我們的社會裡卻誤用了時間階段,當新娘新郎剛進入禮堂,尚未舉行典禮之時,立即把一對新人撒得滿頭滿臉紙條花炮,而把典禮儀式的莊嚴氣氛破壞掉,弄得站在臺上的證婚人及兩方家長尷尬之至,但是心裡又覺得好像這是應該的。其他婚禮上的怪現象自然還很多,許多在夜總會裡舉行婚禮的場合,不但有熱門歌舞,甚而還跳脫衣舞娛賓,主人自以為招待豐盛周到,沒想到那實在是對新娘的一種侮辱。不久前有一部得獎的電影「喜宴」,演出一段鬧新房的戲,大伙兒竟在花燭夜的新人家中大打起麻將,另外的人則作弄新人至筋疲力盡,電影所演的當然是戲,但相信在我們社會裡仍有許多把這種傳統風俗儀式擴展到不合理的地步,而幾乎成為一種陋俗了。

不但屬於喜事的婚禮如此,有許多原屬悲傷場面的喪禮也常常出現令人難於接受,甚而可說有礙善良風俗的活動,更是使有心者覺得憂心之至。在臺灣鄉下,甚至大城市裡,常常可以看到喪事的行列裡,夾雜在各種鼓吹樂隊之中,竟然有電子琴花車,不但音樂奏的是歡樂喜慶之歌,而且還有美女歌唱,唱到最熱烈之時,竟也脫衣解帶起來,入神的觀眾與喪家看到精采之處不免鼓掌叫好,完全忘了這是悲傷的場合!有許多憂心於這種有違善良風俗的行政首長與社會人士常與我談起這現

象,問我這種風俗有什麼根源嗎?我自己對這一問題也常常有所思索,我回答他們的答案不能說是很肯定的,但認為有二種因素可能導致這種誇張行為的出現,其一是喪家子孫的喪事行列中總是喜歡鋪張,一方面藉以顯示其家庭的身分地位,另一方面也表示對其故世親人盡孝敬之道。另一點更關鍵的是在中國南方,包括閩臺兩省的喪禮風俗中,原有一項特別的儀式稱為「弄鐃」的活動,那就是葬儀完成之後,在喪家的庭院中會由喪者的女兒女婿僱請道士表演一些雜耍把戲,同時也會撒些小點心和銅幣,藉以打發鬼魂,附近的小孩、鄰居,就會聚集搶著撿銅幣、點心,一方面也觀賞道士們的表演,多少增添了喪事結束時的熱鬧氣氛。從儀式學的立場論,這應是為了結束喪事「汙染」期所舉行的結尾儀式,一方面犒賞鬼魅,另一方面也藉雜耍把戲的熱鬧氣氛,把過去一段時間內喪事哀傷的情緒轉移,希望重新恢復正常的日子。但是這種儀式的涵義也許太深了,一般人無法理解,他們所感受到的只是「弄鐃」時的熱鬧及表演的行動,於是進一步延伸,擴展誇大熱鬧場面,所以就出現電子琴花車甚至脫衣舞的表演了,這自然是一種錯誤而不幸的延伸。

　　民間習俗的誇張或延伸引用,確是一項很引起爭議的事,尤其是對主管民間信仰習俗的行政部門,更經常是一個很困擾的問題。民間習俗開始「設計」或形成之時,也許是很有作用,甚至含有很深的譬喻意義於其中,但是卻因為經常是隱含象徵的方式,不易為一般人所理解,因此就會被誤用、誇張延伸,

或者因為唯恐沒有合適地遵守，或不遵守禁忌引起的後果，就有意加強其行動，久而久之就走了樣而成為違反原意的形式，這就是傳統民間習俗常為人詬病的現象。用一些例子來說明就會更清楚上述的這一情況。譬如我們在第五章討論文化相對性時曾說過「產翁」的故事，「產翁」的風俗看起來很奇怪，太太生小孩，卻要丈夫（做父親的人）做月子，因此就延伸出許多奇風異俗與種種禁忌行為，就如我們社會中即使不是做爸爸的人做月子，而是做媽媽的產婦做月子，也仍然有很多禁忌，許多對食物的禁忌也許尚可接受，但是其他的小禁忌，如不能釘釘子、不准刷鍋子、不能碰到冷水、不能洗衣、不能戴金手鐲等等，從現在的觀點看來，都是有點可笑的事。其實，如我們前文所說，這些「通過儀式」或「生命禮俗」，只是要幫助人們容易通過人生特別的階段，所以藉儀式性的象徵手法，形容舊的階段與新的階段有所分割，利用一段儀式性時間的特別階段處理，然後以新的身分出現，就好像是一個新人一樣，如此別人也會「另眼相待」，而自己在心理上也能較適應新的身分與責任。

上述的這種利用儀式階段以區別新舊兩種身分或時間，可以用另外一個例子來說明。臺灣民間經常有一種拜拜叫「做醮」，也就是一種祈求社區平安的儀式。在「做醮」的前三天或五天，社區內經常要先來一次大禁屠，也就是禁止殺生，不殺豬、不殺雞鴨或其他畜類，全社區的人都要吃素齋戒。

為什麼做醮之前要禁屠齋戒呢？看來也是有點神祕是不

第十九章　風俗習慣的合理化　│ 143 │

是？表面看來確是有點神祕，但是假如從另一個角度來理解，就會覺得是有意義的儀式舉動。

做醮的目的經常是認為前面的一段期間內，社區內有不甚平安、不甚順利的事情發生，希望藉著做醮的舉動讓以後新一段的日子可以變得比較暢順。為了分辨或分開前面一段不平安的階段，與做醮後一段新的平安日子，避免兩者相混雜，所以中間（也就是做醮之前）要有一段特別的期間隔開它，這就是要吃齋禁屠的內在原因。

民間習俗的理性面與迷信面或神祕面就是這樣只是一線之隔，端看做的人分寸如何，以及行政執行者如何引導與鼓勵。下面我們可以再用一個例子來說明這一線之隔的意義。例如傳統時代常有一種風俗，認為去看醫生或去抓藥（買藥），即使是至親好友，也一定要給錢付費，否則病就不會好。雖然大家都照這樣的說法去做，而且延伸出許多相關的禁忌。但是仔細想起來，實在是很迷信的事，因為從理性的立場來看，付錢與否和病能不能醫好實在沒有什麼因果關係。

但是這種風俗假如從人與人之間的「角色」關係來看，意義就不一樣了。醫生與病人，或者藥師與顧客之間是一種相對的角色關係。這種關係要靠一定的形式才能建立起來，有了這些形式，角色關係才會產生效用。至親好友是另外一種親緣的關係，為至親好友看病抓藥假如不付錢，那種醫生病人的角色關係就不容易建立起來，一定要付錢才能藉這形式建立關係，有了這角色關係的心理準備，治病才會有效，從這個角度來看，

這種風俗不但不神祕，而且很有人情味是不是？

　　從上面舉出的種種民間風俗的說明，我們對所謂風俗習慣的內在意義，以及它的理性面與不理性面會有較清楚的理解。有了這樣的理解，也許我們在面臨如何處理習俗時會有一些判斷的標準，不至於完全排斥它，但更重要的是不能擴大誇張而延伸它；對於處理民間風俗的行政人員更應該理解這些原則，才能把握分寸，並且以身作則，引導民眾合理地參與民俗行動。

　　討論到民間習俗的問題，實際上已很接近我們前文所說的第三類文化——精神文化，特別是宗教信仰的範圍，所以從下面一章開始，我們就進入這一範疇的討論。

第四篇

精神文化或表達文化的修養

第廿章 精神文化與宇宙觀

　　前文我們把物質文化與社群文化的種種內涵做過分析，從本節開始，我們將對第三類的文化——精神文化或表達文化再作探討。就如緒論各節中所說的，所謂精神文化或表達文化（expressive culture）是人類為表達其內在的感情所創造出來的東西，這些用以表達感情的文化創造，實際上又用各種不同的形式反過來成為人類感情與心理的慰藉或寄託。這些不同形式的表達文化或精神文化，包括大家所熟識的文學、音樂、美術、表演藝術以及更重要的部分，那就是宗教信仰。文學、音樂、美術、各種表演藝術都是精神文化最精髓的部分，它們是人類感情表達的昇華，同時也是人類文化創造最精緻的部分，所以平常通稱之為精緻文化。但是在這些精緻文化之外，人類表達感情的另一部分創造卻也是很重要的，而且與精緻文化有密切相關的，那就是人類對超自然的信仰，也就是一般所說的宗教信仰。宗教信仰自古以來一直是人類精神文化很重要的一部分，而且一直是人類感情所賴以支持穩定的因素，也是人類投注心力最多的部分，因此長久以來也是其他精緻文化所賴以培育發展的泉源。精緻文化與宗教信仰之所以有密切的關聯，就在都同屬於一個民族內在深處文化法則的外在表達，而更清楚地說，這些精神文化的種種表達形式實在都與該民族對宇宙存在的基本觀念密切相關，以這基本宇宙觀念為出發，然後再有各種不

同精神文化的表達形式,其表達形式雖外表各異,但內在的法則卻是一致的。假如我們以中國傳統的宇宙觀來作說明,就更能清楚這種密切關聯的現象。

傳統宇宙觀的架構

關於中國傳統的宇宙觀,我們在前文各節中已略有討論,在這一節中我們將作更有系統的分析。根據作者本人在許多篇論文中的研究,我們認為中國文化中最基本運作法則是追求均衡與和諧,也就是經典上所說「致中和」的原意。為達到最高均衡與和諧的境界,則是要在三個不同層面上共同獲得均衡與和諧。這三個層面的均衡與和諧可用下表來表達:

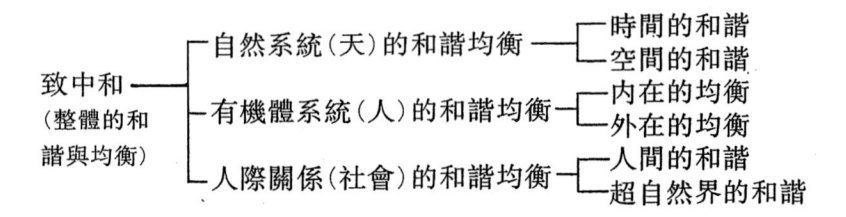

```
                  ┌─自然系統(天)的和諧均衡 ─┬─時間的和諧
                  │                          └─空間的和諧
致中和 ───────────┤
(整體的和          ├─有機體系統(人)的和諧均衡─┬─內在的均衡
 諧與均衡)         │                          └─外在的均衡
                  │
                  └─人際關係(社會)的和諧均衡─┬─人間的和諧
                                              └─超自然界的和諧
```

所謂三層面和諧均衡體系,實際上是說明追求均衡和諧境界所必須的項目與步驟,換而言之,傳統民間文化理想中的最完善境界,無論是個人的身體健康以至於整個宇宙的運作,都以此一最高的均衡和諧為目標,而要達到此目標,就是要三個層面的次系統都維持均衡和諧。這種狀態假如從個別次系統的意義去說明就更為清楚。

自然系統和諧的宇宙觀

　　首先說明自然系統的和諧均衡意義。在追求與自然或與天的和諧上，民間文化的表現可從時間與空間兩方面的理念與處治方法去理解。其實「宇宙」一詞，即是來自時間與空間的總和，宇即是時間，宙則是空間之意。在時間系統方面，每一民族都有他們自己的一套時間觀念，這是他們對自然界理解的一部分。傳統民間文化的時間觀念，是中國文化宇宙觀很重要的部分，大致來說傳統民間信仰把時間分成許多段落，最主要的段落稱之為歲，每一歲給予一天干地支的記號，所以平常說「歲次甲寅」等等。每一歲也同時給予一種動物或神話中的動物代表符號，那就是十二生肖，因此平常也會說「歲次屬龍」等。每一人的年齡也是以經過或「跨過」幾個這樣的單位而說他是幾歲，假如一個人出生於農曆臘月卅日，而到第二天是正月初一，那是另外一個階段，所以他就算兩歲，因為他已跨越兩個歲次的階段了，這種年齡的計算方法，我們稱之為「跨越法」，這與西方人的計算法不同。西方人是以一月一日加起來算的，問他們年齡時，他們常會說多少年多少個月加幾天，這種計算法和我們說幾歲是很不同的，一般稱之為「累計法」。

　　中國民間信仰對時間和諧的觀念最明顯表現在把個人的生命配合著宇宙時間而作解釋之時。每一個人出生時，他的父母或親人就會根據他出生的年、月、日、時間四個定點，給予他天干（甲、乙、丙　　），與地支（子、丑、寅　　）的記號，

這就是通常所說的「四柱」與「八字」，四定點是四柱，每一位二干支字代表是為八字。這個代表他出生的「八字」，也就決定了他一生的歷程，這就是「命」。在民間信仰中，「命」是生來就決定了的，所以，「命定如此」是不能改變的。但是每一個人生命歷程與宇宙的時間對照配合時，就會有各種大小不同的階段，而每一階段都有不同的機緣，有時是好，有時是壞，這就是所謂「運」。在傳統民俗信仰中，「命」雖然是「命定」不能改，但是「運」則是可變的，並且可以藉各種不同的力量加以改動，而民間對時間和諧的追求，就表現在這可以改變的「運」上面。每一個人依他的出生年、月、日、時的干支構成他的「八字」，以這個八字的符號配合宇宙時間流的大小階段推算，個人的時間與宇宙的時間之間，有時是和諧的，那就是吉，也就是好運；有時則是不和諧的，那就是凶，也就是壞運。由於這一基本的時間觀念，所以中國人一生中都努力要尋求對他最有利的時間定點，而每做一事都要尋找一個吉利的時刻，以便「擇吉開張」。擇吉日良辰是碰到有事情要做時才行之舉，但是時間和諧追求觀念的驅力，並不僅限於這樣較被動的行動，而是常常更主動地尋求整個生命歷程中的吉與凶之點，以便於「趨吉避凶」，這就是算命卜卦的基本理念所在。算命卜卦千百年來都是中國人精神生活中重要的一環，但是在現代社會變遷極為快速的情況下，這種傳統時間和諧觀念的追求，似有更流行的趨勢。從臺灣的例子看，不僅是一般民眾如此，知識分子也不例外，有時且有更熱中的現象。而實際上自古以來，

這種追求時間和諧的行為，無論販夫走卒或士紳官宦均十分熱中，民間社會也許用較粗糙的方式，如摸骨、安太歲等表現出來；士紳知識分子則以較精緻的方式，如占卦、紫微斗數等來表達，但是其基本理念卻是完全相同的，這就相當清楚地說明全世界華人社會的共同文化特徵之一是愛算命卜卦的真正原因。同時也由於這一共同的文化特徵，使我們進一步瞭解中國文化的「大傳統」與「小傳統」相互貫通的基礎所在。

維持與自然的均衡和諧，只有時間的因素並不完整，除非在空間的領域也維持同樣的和諧，不然這一系統的和諧性就不能令人完全滿意。傳統文化中的空間和諧觀念仍然以陰陽為肇始，然後再及於五行，再進而有八卦，這些因素的綜合，表現出來的就是「風水堪輿」的行為。古典的風水堪輿說不但有八卦、干支等因素的配合，而且所謂五行之說，也從五原素的金、木、水、火、土延到五個方向：東、南、西、北和中，再延伸到五音：宮、商、角、羽、徵；甚而再延到五色、五數、五聲等等，幾乎是要把各種基本現象納於一體，因此其追求和諧均衡之意至為明顯。

以現代臺灣民間信仰為例來說，其空間觀念雖已沒有古典時代的完整，但是仍然保有其特色。民間信仰中五行觀念的運作仍甚普遍，一個村落或社區的地理位置，仍然以五行的觀念來表達。例如一個村落中的保護神，總是有五營的「神兵神將」以維持村內免受野鬼凶煞的侵犯。每到有祭儀之時，法師或童乩都要迎轎巡遊村落的境界，並在東、西、南、北四個角落安

置「營房」（中營即在神廟），故稱五營，而「營房」即以紅、黃、藍、白、黑的五色旗為代表，一般稱為「五營旗」，與五營的觀念是相同的。在日常的生活裡，許多事物例求醫、旅行、失物也都以五方的空間系統來作決定，譬如有較困難的疾病時，總是會先問神媒或童乩，童乩會根據病人的八字年歲等因素，說出應該到哪一個方向去求醫；其他旅行、失物等，也經常以這種方法決定應該是哪一方向最有利。這可以看出空間和諧均衡觀念在民間信仰中所發生作用的情形。

但是，無論如何，空間觀念在民間信仰中最具系統表達的仍在各種風水地理上。風水地理可說是民間信仰空間觀念的核心，尤其是表現在祖先墓地的尋定上，其傳說更是罄竹難書，而現代的居屋風水、室內陳設風水，也是大家耳熟能詳的事。室內風水的流行，不但反映現代社會急功近利的心理，而且更明白地顯示這種追求空間和諧的文化傳統不僅在民間風行，即如知識分子間也趨之若鶩，尤其達官鉅賈更是不敢疏忽，甚至於大學校長也不能免俗，這就可以看出這一觀念的深厚基礎性了。作者在臺灣的新竹市做實地宗教信仰調查時，曾發現那些自稱完全無宗教信仰的人，竟然還有近一半的人相信「祖先的風水若好，家庭及事業會興旺」，而有 1/3 以上的人仍然對生辰八字的時間和諧相當相信；而最為特別的現象則是信仰外來宗教的人士之中，竟也有 30% 的人仍為祖先的墳墓看風水。由此可見空間和諧的風水觀念實為文化最基層的宇宙信念，它不但連結大小傳統於其間，也自然成為華人文化的一個共同特徵。

個人系統和諧的宇宙觀

再說個人有機體的均衡和諧方面。要維持整體的均衡和諧之狀態，除去與自然和諧之外，個人有機體的和諧更是關鍵所在。在民間文化的系統裡，維持個人有機體的和諧又可以分為內在實質的和諧與外在形式的和諧兩方面。茲先說明內在實質的和諧。我們在前幾節中已說過，傳統文化一向將個人有機體看作是一個小宇宙，因此也以陰陽對立的觀念來解釋小宇宙的均衡和諧，而表現這陰陽對立現象最明顯的就是食物中「冷」與「熱」的觀念，以及其延伸的「進補」觀念的普遍流行。傳統民間信念中一向以陰陽對立的模型而判斷個體的存在是冷底或熱底，假如是冷底則多食熱性食物以平衡之，反之則食冷性食物；假如身體出現過熱現象，則應服用去熱的冷性食物或藥物，反之亦同；冬天氣候冷，所以應該多用熱性食物以補充之，夏天氣候熱，則應該多用涼性食物，以維持冷熱的均衡。由於此一基本冷熱調和的觀念，衍生出對所有的食物都給予冷熱或中性的分類，外來傳入的新品種食物，也一定要先作冷熱定位，否則不敢食用。例如南洋傳入的水果榴槤，被分類為極熱的東西，實是很晚近的事；甚至西方的酒類，也要經過這樣的分類定位，因此不是依原有的飯前、飯後、餐中的分別，而是以冷熱散聚方法去決定之，這樣無非是要藉這些飲食來維持個人有機體小宇宙的內部均衡和諧，並進而保持健康。這樣的陰陽冷熱觀念起源甚古遠，所以不但影響中國人的食物藥物觀念、食

物習慣、烹調方法，同時也與中醫藥連繫在一起，而成為中國人日常生活中最重要的一個特徵，不僅在國內至為普遍，在海外中國人社會也因物質供應的富足而更為流行起來。這樣的食物觀念由於與中醫藥有相當互通之處，所以也更能顯出「大小傳統」在這一層次上的關聯性。

　　維持個人體內冷熱均衡的觀念容或有實質的意義，但在傳統民間觀念中，僅維持這內在實質的均衡並不夠，要個體的永久性均衡，另需外在形式上也均衡，這均衡才能有保證。所謂個體外在形式的均衡，也就是表現在個人名字的運用上。名字對個人而言，實際上只是一種名稱，甚至符號、象徵而已，指稱（signifier）與被指稱者（signified）兩者之間不過是一種任擇（arbitrary）的關係，並無必然的關聯。可是在傳統的姓名學中，是視兩者有一種神祕的關聯關係，名字對個人而言實具有一種轉換的力量（transformative power）。姓名的轉換力量大致可分為兩方面，其一是表現在五行因素上，另一則表現在姓名筆畫上，但無論如何，二者都是一種個體外在形式均衡的追求。

　　個人姓名與五行因素（金、木、水、火、土）的關聯，實際上都是大家耳熟能詳的事。在傳統民間文化中，個體的均衡亦與五行有關，每一個體均需具有五行因素的相互均衡，才能維持合理的健康狀態，假如缺乏其中一個因素，這就失去均衡，因此個體就會處於危機不穩定的狀態。要尋求五行因素的均衡，並不像冷熱食物攝取的辦法，而是採取象徵的外在形式，也就是在個人的名字上加上所缺的因素，例如缺木這一因素者，就

在他名字的一個字或同時兩個字都找出有「木」邊旁的字,缺水者則找出有「水」邊旁的字,其他金、火、土均同。

相信個體的存在與五行因素的均衡有關,同時又相信個人的名字也是個體的一部分,所以當個體的五行因素有缺時,即可在名字上加上所缺的因素作為邊旁,因此就相信可得到應有的均衡。這在宗教人類學上,實在就是一種接觸巫術(contagious magic),這是基於符號學上「轉喻」(metonymy)的觀念而成,也就是部分代表全體的觀念(名字是個體的一部分,但反過來代表個體),在邏輯上這是一種「法式的」(syntagmatic)的關係。這是傳統鄉民取名的基本觀念,在民間信仰流行的區域裡,以這種方式取名字可以說隨時可見,這是他們追求個體均衡的外在形式現象。但是,在當前現代的社會中,五行因素取名的方法,似已有逐漸為姓名筆畫吉凶法所代替的趨勢。

姓名筆畫吉凶的取名法無疑也是一種追求外在形式均衡的辦法,不過其基本理念似更簡單,更趨於神秘性的一種術數。姓名筆畫吉凶有一定的格式,在坊間的黃曆通書上大半都可找到,只要翻閱這一定的格式,就可以找到幾畫是吉是凶,然後再配合各筆畫下所說明的吉凶情況,按照他所期望,或按照他自己的八字命理,選擇一筆畫數,再依這筆畫數選定合宜的字,這樣就可以擇取一個合乎需要的名字。這實在是非常快捷的事,在這裡所看到的,外在形式的均衡比內在實質的均衡更為流行,而姓名筆畫的擇名法又較五行因素取名法更為人所喜愛,實在就是快速變遷下現代社會的一種特殊現象。

著重個人外在形式均衡的姓名五行觀與筆畫術數,如今雖不見得在華人僑居地十分流行,但傳統對姓名學的重視仍是所有華人共有的現象,而其間大小傳統的互通觀念也是十分明顯的事。

人際關係和諧的宇宙觀

再說到最後一個層次的和諧,也就是人際關係的和諧。人際關係的和諧向來是中國文化價值系統中最高的目標,在第三篇討論倫理文化時已作探討。傳統的倫理精神著重兩方面的表現,其一是以家庭成員關係的和諧為出發,另一方面則延伸到家系的傳承與其延續。前者可說是一種同時限(synchronic)的和諧,其意義表現在「父慈子孝、兄友弟恭」等理念上;而後者則是一種超時限(diachronic)的和諧,其意義則表現在「不孝有三,無後為大」等理念上。家系的傳承與延續既然是追求超時限的和諧,因此其對象就要包括家族中現生的人及過世的人。把現生與過世的家族成員都看作是一體,認為二者都和諧均衡才是真正的均衡,這是中國文化中人際關係最重要的特色,由於這基本觀念的根深柢固,所以在民間社會中父系家族及其所代表的權威體系,也一直相當程度地維持,伴隨而存在的父系祖先崇拜也很普遍地保存著,並且由祖先崇拜而延伸出去的種種超自然崇拜都相當流行,構成一個人際關係系統在兩個不同空間相互維持和諧的圖像。這種不同空間的超時限人際關係

和諧是把傳統文化的大傳統與小傳統密切扣連的主軸，大傳統也許較強調抽象的倫理觀念，小傳統也許較著重實踐的儀式方面，但是追根究底這仍是一件事的兩面。有人也許會認為在海外華人社會中，特別是一些新移民的社會中，這種家庭倫理及其相關的儀式已不流行，但是實際上他們的家庭關係行為模式仍然不脫這個基本文化叢體的影響。我們在前述臺灣新竹市的民間信仰研究中，就發現那些自稱無信仰者的受訪人，仍然有61.9%拜祖宗，而信奉外來宗教者之中，竟也有38.9%的人拜祖宗，其實這也沒有什麼奇怪之處，臺灣的許多基督教派現在已鼓勵信徒拜祖宗，天主教與基督教的領袖們每年都參與大祭祖的共同儀式，與佛教、道教、一貫道信奉者同堂共祭，這不得不說是家庭關係文化叢深入影響之故。

總結而言，這個三層面均衡和諧系統只是中國人信念中總體和諧的三步驟，但是它卻在縱的形式上勾連了中國文化中大傳統與小傳統兩部分，在小傳統的民間文化上，追求和諧均衡的行為表現在日常生活上最多，因此總體的和諧目標大都限定在個體的健康及家庭興盛上面；而在大傳統的士紳文化上，追求和諧均衡則表達在較抽象的宇宙觀以及國家社會的運作上，而「致中和」的觀念則成為最高和諧均衡的準則，這也就是《中庸》所說的：

> 喜怒哀樂之未發，謂之中，發而皆中節，謂之和。中也者，天下之大本也；和也者，天下之達道也。致中和，

天地位焉,萬物育焉。

由於如此深厚地存在於大小傳統的文化脈絡中,所以這一致中和、追求均衡和諧的理念始終是士大夫知識分子思維推衍的中心,而追求個體與家庭的和諧則是一般民眾日常生活之所繫,也由於這樣源於深層文化的觀念,所以就發展成為現代華人的共同文化特徵,不論你是住在何地,不論你自己承不承認你是中國文化的傳人,因為你早已在兒童教養階段中「譜」入這種文化法則的「指令」,所以你的一舉一動、一思一想,都脫不了這一深層文化的影響。也由於這種約束,所以我們的精神文化無不以這一中心架構為基礎,而作各種形式的表達。

第廿一章 欣賞素養與文化傳承

　　前文說到精神文化或表達文化的範疇中，包括精緻文化的文學、音樂、藝術以及另一系統的宗教信仰。在我們探討宗教信仰這一較複雜的問題之前，讓我們先對藝術欣賞素養的問題作一概括的討論。根據上章所述「致中和」或三層面和諧的傳統宇宙觀，用以理解分析我們的精緻文化，並進而檢討我們民眾對精緻文化的欣賞素養，也許就會對這一抽象的欣賞層次有較透徹的把握，所以我們先以「致中和」的觀點為出發。

　　以「致中和」為出發，甚而可以說以「天人合一」為基礎觀念的美術表現，其進求的境界顯然有其特色，譬如說傳統的山水畫中總是把「人」與自然混而為一，一幅潑墨的風景圖中總未忘了在水雲間出現一個獨釣的簑翁，或者在山洞岩臺之上添加兩位對酌的詩人。對這種山水圖構的欣賞，不是從外面觀賞它，而是要融到畫中去體會才能有所得，這與西洋的風景畫少有人物在畫中是頗有異趣的；西洋人是在畫外欣賞自然，人與自然是對立的，我們中國人則主張人與自然合一，得其和諧才是美的最高境界。又譬如說，傳統文化中對「人」的欣賞，是要從其與他人行為和諧的關係中去找尋，而不能從人本身去體會，因此我們的文化中從不見對人體美的欣賞，這與西洋人歌頌人體美的傳統迥然不同。我自己曾經有一次非常有趣的體驗：1977 年我應美國國務院之邀參觀全美著名的博物館，有一

天去看華盛頓的國立歷史與技術博物院（National Museum of History and Technology），一進門就看到一尊巨大的已故甘迺迪總統裸露上身的石像。初看之下，頗有大吃一驚的感覺，覺得美國人怎麼把元首都「上空」了？繼而一想，原來美國人是把他們所敬愛的總統希臘神化了。在不禁啞然失笑中，自己不免解嘲地說，前一念頭代表我是一個中國人，後一念頭則代表我是一個文化比較分析者，能把東西文化審美觀的差別分辨出來。著名的畫家何懷碩先生，對於東西文化對人體美觀點之歧異，有過很精采的說明，他說：

　　和諧，是審美的也是倫理的。希臘教育最高的理想，是追求「人」的完美，以實現靈肉的和諧。和諧而秩序，過與不及都不是秩序，故適中或中庸是希臘人的箴言。他們對人體美的追求與讚賞，是淫縱與禁慾的中庸，　肉體與靈魂的調和合一，道德與審美的統一，肯定人的光榮與意義，這就是希臘的人文主義精神。中國文化在人文主義與中庸等方面，與希臘頗多接近。　但中國的人文主義過於偏重道德倫理，於肉體不甚重視，甚至不予尊重。

　　人體在中國不成為歌頌對象。　偏枯的道德壓抑了對人體的審美感情，中國人的人體乃至人物畫，與西方比較，乃不可同日而語。

從何先生的這一段話中，我們就可以體會文化法則與審美

觀念的密切關係了。

　　再從另一方面來看，譬如表演藝術就更是表現文化內在法則的一種精緻文化。中國傳統戲劇的表演都是用以表達與超自然溝通和諧的意念，或者藉以傳達人際關係和睦通順的期望，西方人戲劇中表現人與超自然的對立，以及個人心理角色的衝突等等，顯然有很大的差異。理解這種文化內在意義與精緻文化的藝術表現間之關係，是人們對美的境界體會欣賞很重要的標準，也是欣賞素養必備的條件。

　　欣賞素養之培養本來不是一件容易的事，其依賴濃厚的文化傳統固不待言，但文化的反思亦屬不可缺的因素。欣賞素養形成的過程在感官滿足之上，實際上應可包括三個重要的步驟：其一是對文化傳統邏輯的比照，再進一步是類別的辨別與品評，最後一步則是意義的實現（fulfillment of meaning）。這三個步驟是高水準欣賞素養所必備者，只有完成這三步驟的過程，才是欣賞素養的最高境界。很多欣賞者只到達第一步驟，甚至第一步驟都未進入，亦即僅是感官的滿足，那麼就毫無欣賞素養可言；有些雖進入第二步驟，但是仍不能為自己產生有意義的實現，那麼他的欣賞境界仍屬「半吊子」的。欣賞素養的第一步驟是對文化傳統法則的比照，也就是一個觀賞者或一群觀賞的人當他或他們面對觀賞的事物時，是否能以他自己文化傳統的法則與邏輯形式去看待與理解觀賞的對象。一個中國人對美術品、表演藝術等等的觀賞都會先以中國文化傳統中表演行動、方位動向、顏色象徵種種架構去看待它。在這之後，觀賞的人

假如條件具備的話，他不但以自己的文化傳統邏輯來看待對象，而且會進一步以記憶中種種類似於觀賞對象的事物理出來作比較品評。這一品評的過程隨觀賞者的經驗而有別，其作為比較品評的事物可以是他自己文化傳統所有者，也可以是別的文化傳統之所有；經過這一品評的過程之後，觀賞者心目中即對觀賞對象產生接受與否與接受程度的評價。經過第二步驟的品評之後，觀賞者若又能進行反思而把觀賞的印象與他的價值觀取得共鳴，那麼這就是意義的實現，也就是欣賞素養的最高境界了。

若要以當前臺灣民眾欣賞素養為例來說明上述三步驟的話，我們可先以當前流行的「電子琴花車」為例來說明。「電子琴花車」是十多年來臺灣民間流行的一種「藝陣」，它出現在各種婚喪喜慶、廟會酬神的行列裡；最初只是一種行動的歌舞表演，後來逐漸變質而出現「脫衣秀」，而使原來民間儀式活動中神聖、肅穆或喜悅的氣氛完全變調，因此可以說是民間藝術欣賞素養最大的糟蹋。「電子琴花車」在初興之時，在格調上要比所謂「牛肉秀」較為「入流」，因為「牛肉秀」完全是感官本能的滿足而已，而「電子琴花車」在開始則已進入上述欣賞素養過程的第一步，也就是已有中國文化傳統中儀式活動的邏輯形式存在了。根據加州柏克萊大學 David Johnson 教授的意見，中國人的倫理意念都是要藉行動來表達的，所以各種生命禮俗、歲時禮儀以至於神明節慶都是要以儀式來表達其意念，而儀式之中最主要的是藉各種表演（performance）來取得更有效的傳達。換而言之，表

演或演出是中國文化傳統中重要的邏輯因素,而「電子琴花車」則是現代科技與這一文化邏輯因素的結合,這也是一般民眾之所以很快能接受「電子琴花車」的因緣。

然而,「電子琴花車」雖然可勉強擠入中國文化欣賞過程的初階,勉強算是能藉表演之形式嵌入中國文化傳統的結構之中,但是它無論如何是無法進入第二階段的,也就是缺乏第二步驟的辨識品評,所以它才會這樣「破壞氣氛」地闖入傳統儀式的行列。在這裡要特別說明的是欣賞素養第二步驟的類別辨識與品評的過程,其間可以作為辨識、比較與品評的類別,包括一個人經驗的全域,一個傳統的鄉下農民作為他品評辨識的有種種倫理規範、人際行為準則、超自然觀、宇宙觀與人生理念等;一個接受西方教育的人則除去傳統文化經驗之外,又有更寬廣的比較視野與品評標準。但是不論是前者或後者,只要是辨識品評的標準維持一定的內在和諧一致,則欣賞的素養即可相當程度地達成。至於那些雇用電子琴花車的人,可以說只是假借了文化的形式,但是在實質上他們沒有能力辨識品評,因為他們既沒有現代的經驗,而同時那些傳統的規範、準則與理念也都隨著時代的變遷而完全拋棄了,他們剩下僅有的就是本能感官滿足的判斷了。

欣賞素養的最後階段是意義的實現,當一個觀賞者辨識品評了他觀賞的對象後,他所得的印象又能與他的價值觀得到共鳴,也就是產生文化的反思,而因之而起的即是期許、滿足、喜悅之心,這就是意義的實現。一位深受中國傳統文化影響的

人,他以其所具的辨識與品評來觀賞民俗藝品、傳統戲曲以及其他民間藝術創作,自然能產生意義的共鳴,所以他也能達到很高的欣賞素養的水準,這也就是民間藝術及戲曲有別於「電子琴花車」之處而能在藝術世界裡具有其獨特的地位。至於一個具備現代知識的人,假如他的訓練足夠,他的辨識與品評能力就可橫跨東西文化之間,因此他在觀賞不同文化的藝術創作時,就更易於達成意義實現的欣賞層次了。

從前述欣賞素養的步驟分析中,我們可以很清楚地瞭解目前臺灣民眾欣賞素養的水準到達什麼程度。實際上,大多數的民眾都仍舊停留在「電子琴花車」的層次,也就是說僅及於欣賞素養過程的第一階段,而且是頗為歪曲的解釋。其實「電子琴花車」並非孤立的現象,而是一個相當普遍的事實,因此可看作是臺灣民間欣賞文化的特徵。類似「電子琴花車」的文化現象,可以舉臺灣民間廟宇的建築再作說明。假如熟識閩南廟宇建築形式的人,或者到過福建南部觀察過傳統閩南廟宇的人,大部分都會感覺到目前臺灣民間廟宇的建築比起原有閩南的建築,實在展現出太明顯的「暴發戶心態」。傳統閩南的廟宇與一般住宅的差異,最主要是表現在聳起的屋脊燕尾,這是一種儀式性的地位象徵,以別於世俗生活的住宅。但是除此之外,在裝飾上就無太大的誇張,而是以莊嚴、和諧(包括色澤與裝飾物)來表現其神聖的意義。這在臺灣早期的廟宇建築中,仍然可以看到其跡象,例如鹿港的龍山寺即為典型的例子。可是,當代臺灣民間的廟宇就誤解了神聖的意義,以為誇大的裝飾就

可以表現其特別的地位,因此每一幢廟宇都競相在屋頂的裝飾上下功夫,使原有的莊嚴和諧變成非常浮華刺眼,把「暴發戶的心態」表露無遺。這種現象也同樣地表現出欣賞素養過程中只有形式而缺乏辨識品評的困境,也就是說因為與大陸閩南文化分隔太久,缺少文化交流滋潤,沒有品評比較的資訊,因此就出現這種誇張奢華的欣賞境界,也許稱之為「暴發戶的貧乏現象」亦未嘗不可。

上述「暴發戶貧乏現象」的欣賞水準,並不僅限於民間文化而已,在若干官方的措施設備上也隨時可見。一個明顯的例子,就是臺北市政府前些時把一些交叉路口的天橋漆成醒目的顏色,這也應該是此現象的官方表現。都市內「公共顏色」的配置本是一件非常微妙的功夫,臺北市政府企圖把臺北市的公共顏色或公共藝術弄得較為醒目,無非想使市容顯得更活潑一點,本來也是無可厚非的事。但市府官員在辨識品評的能力上多少有點混淆,也許他們想用西方的標準來佈置顏色,但是四周都缺乏配合的背景,所以顯得非常唐突;而用傳統中國的和諧去品評時,那就更無法達到意義的實現了,因此表現出來的就是成為另一個層次的「暴發戶文化」,這就代表了我們當前社會中欣賞素養的水準了。

第廿二章 中國人信什麼教？

我們在前面說過，精神文化很主要的部分是宗教信仰，在我們敘述精神文化與宇宙觀時，也已很明白地可以看出，一個民族對宇宙的觀念，也正是他們信仰之所在。從這一節開始，我們將用較長的篇幅探討有關宗教的問題，因為這是與一個人的自我修養更有密切關聯的項目。

談到宗教的問題，首先面臨的，而經常也是一般人都要問的問題，那就是我們自己信的是什麼教呢？通常外國人總喜歡問我們說，你們中國人原來是信什麼教的啊？我們被問到這一問題時，總是覺得難於正確回答。因為回答說是信道教、信佛教，似乎不完全正確，因為道教雖是固有的宗教，但未必是人人都真正「信」它、「皈依」於它；佛教也是如此，它在國境內雖很流行，卻不是人人都信，更不用說皈依佛教要有一定形式。有時外國人會逼問我們說，那麼你們應該算是信「儒教」了？這時我們心中也許會興起一個念頭，儒家算是「教」嗎？既然不敢肯定儒家是宗教，因此也就不能承認我們漢族信的是「儒教」，不敢或不能承認是一件事，但是問題仍然未回答，所以心裡不免氣悶，甚至覺得有點自卑，連我們自己信什麼教都答不出來。

其實答不出來我們自己信什麼教是有其癥結所在的，這一癥結在於問題問得不對，西方人一向以自己的立場，以為信仰

起自然一定要成為「教」,所以會問別人信什麼「教」;假如他們都能體會別人的信仰不一定要成為一個「教」,而把問題問成「你們的信仰是怎樣的」,那麼問題就較容易回答了。其實我國傳統的宗教信仰是一種複雜的混合體,其間固以佛道的教義為重要成分,但卻包括許多佛道以外的儀式成分,例如民間信仰中的祖宗崇拜及其儀式,就是最古老的信仰成分,比道教教義的形成早很多;其他又如許多農業祭儀,也都與佛道無關,所以說我國民間宗教是融合了佛道以及更古老的許多傳統信仰成分而成,因此我們無法像西方人稱一民族的宗教為某某教一樣來說明,只能稱之為「民間信仰」吧。

傳統宗教信仰的特色

假如要對上面我們所討論的問題作較嚴格的宗教學解釋,也許應該更清楚地說明傳統宗教信仰或「民間信仰」的特色。傳統中國的宗教信仰有兩項重要的特色,因為有這兩項特色,所以使之與西方宗教有很大的差異。傳統中國宗教的第一項特色表現在「普化的宗教」(diffused religion)的型態,而與一般西方宗教的「制度化的宗教」(institutional religion)有異。所謂「制度化的宗教」是指一個民族的宗教在教義上自成一體系,在經典上則有具體的刊行出版典冊,同時在教會組織上也自成一嚴格系統,而與一般世俗生活分開。西方的基督宗教都屬制度化宗教,而回教、佛教等世界性宗教亦屬之。而所謂「普化

的宗教」，則是指一個民族的宗教信仰並沒有系統的教義，也沒有成冊的經典，更沒有嚴格的教會組織，而且信仰的內容經常是與一般日常生活混合，而沒有明顯的區分。例如我們的傳統宗教信仰可包括祖宗崇拜、神明崇拜、歲時祭儀、生命禮俗、符咒法術等等，甚至於上述的時空宇宙觀也都是我們宗教觀念的一部分。由此可見我們的宗教信仰是如何與一般生活混合而及於文化的各面，而我們這一種方式的宗教信仰當然也不會出現嚴格的教會組織，也不見有成冊的經典與系統的教義。由於這種宗教信仰型態的差異，所以西方人觀念中的「一個宗教」就無法適合於描述中國人的宗教。而西方人或受西方影響的人常說你信什麼「教」，實際上是一種不合理的問題，一種西方文化偏見的問題，他們只能問你們的宗教信仰是什麼樣子的，才是一種擺脫文化偏見的問法。同時也是由於此一性質的信仰型態，所以使我們不像西方宗教那樣具有強烈的排他性，而是屬於一種包容兼納性質的信仰型態。我國民間宗教所包含的儀式成分也許可列如下：

1. 祖宗崇拜 ╭ 牌位崇拜 ╭ 家內崇拜
　　　　　 ╰ 墳墓崇拜 ╰ 祠堂崇拜

2. 神靈崇拜 ╭ 自然崇拜
　　　　　 ╰ 鬼魂神明崇拜

3. 歲時祭儀
4. 農業儀式
5. 占卜風水
6. 符咒法術

傳統宗教信仰的另一種特色是宗教中的超自然因素與倫理道德因素並不像西方宗教那樣密切結合，而是兩者之間有相當程度的分離。我們都知道在中國的文化中，倫理道德概念與哲學系統都一直是由儒學思想所主宰的，宗教信仰中只用現成的道德倫理標準來作獎懲的判斷，而自己並不對道德本源作哲學性探討的。中國宗教的核心只是超自然系統或神明系統而已，這與西方基督宗教中神與道德不能分離、道德倫理的根源來自神本身的現象，顯然是頗不相同的。由於中國宗教信仰中的超自然因素與道德倫理因素的分離，宗教信仰的重心都在神明與超自然力量上，因此使中國人傳統的信仰就顯得非常現實而功利，甚至於具有很強的巫術性，這也是一般批評我們的民間信仰普遍有迷信傾向的原因。實際上假如我們把這種信仰型態與第二十章所述的三層面宇宙觀的理念配合在一起，我們就較能明白現象的意義。對我們中國人來說，超自然信仰只是宇宙存在的一部分而已，我們所要關心的還有自然、人、社會等部分。超自然存在應該是能與人與社會作和諧配合才有意義的，由於這種「人本」趨向的宗教觀，所以我們的信仰型態與西方制度化宗教的型態是迥然不同的，下面各節就是要以這樣的觀點來探討我們自己種種的宗教現象。

第廿三章 祖宗崇拜

祖宗崇拜的社會文化意義

　　祖宗崇拜是我國宗教信仰型態最重要的特色，所謂祖宗崇拜就是相信祖先的靈魂不滅，並且成為超自然界的一部分而加以崇奉。這種把祖先看作是超自然一部分的想法，是不見於西方猶太、基督系統的宗教信仰之中，甚至於伊斯蘭教、佛教系統中也不多見。我們一般民眾因受西方宗教的影響，以基督教的信仰形式為標準，以為「神」只有一個，所以不把祖宗看作神，因此不能理解祖宗崇拜也是宗教信仰中的一種主要型態，甚至於懷疑地問，祖宗崇拜也算是宗教信仰啊？這就是受了西方宗教的刻板印象誤導所致。

　　祖宗崇拜是我國宗教最早的信仰型態之一，早在殷商時代以前就有很完整而系統化的祖宗崇拜儀式存在，而實際上「祖」與「宗」兩字就是那個時代的兩種祖宗崇拜儀式的名稱，後來就變成為這一類儀式的通稱了。《禮記·祭法》中有一段話說：「祭法，有虞氏禘黃帝而郊嚳、祖顓頊而宗堯；夏后氏亦禘黃帝而郊鯀、祖顓頊而宗禹；殷人禘嚳而郊冥、祖契而宗湯；周人禘嚳而郊稷、祖文王而宗武王。」這句話中的禘、郊、祖、宗四字都是祭儀的名稱，禘、郊用以祭遠古的皇祖，而祖與宗

則用以祭祀直系的祖先，後來「祖宗」成為祖先的一般稱呼，原來的意義也就被遺忘了。不過從這段記載中，我們很明顯地可以知道「祖宗崇拜」在我國是很久遠的儀式，不但在殷周時代即有之，而且在更早的堯舜夏后時代即已有相當制度化的祭法。

　　祖宗崇拜所以在我國信仰儀式中形成最早，而且數千年來一直非常普遍地流行，追其原因首先應該是前文提到的親屬關係的「延續性」（continuity）特性影響之故。我們在前文有關倫理文化的部分曾說到旅美人類學家許烺光先生「父子軸」親屬關係模式的理論，而「父子軸」親屬關係的四種特性：「延續性」、「包容性」、「權威性」、「非性性」中，尤以「延續性」最為根本。中國式的親屬關係總是希望家族世系能不斷地延綿繼續下去，所以才會出現五世同堂的家族，而至於宗族、氏族、宗親會、宗親總會種種真實的或模擬的親族團體，有的甚至百世而仍然不變。要使這些延綿不斷的親屬群體能夠真正延綿百世，最有效的方法就是藉一個共同祖先的存在而整合所有的子孫，這也就是祖宗崇拜出現的根源；祖宗不可能永遠活著，但假定死後仍有靈魂存在，而經由祭祀其靈魂的種種儀式，祖先就像活著一樣可以維繫所有子孫的結合在一起。下面圖一至圖二A及B說明如何藉祖先祭祀以整合親屬群體的情形：

　　藉祖宗崇拜的儀式假定祖先靈魂仍與子孫同在的信念，不但可以延續親屬群體的長久結合，而且在古代也可以分辨直系、旁系的親屬系統，肯定很多直支的特殊權利以及其他政治權力，

所以古時候只有天子可以行禘、郊、祖、宗間等級的祭祀祖先，大夫以下的只能祭自己的祖或宗了，這在封建時代，對階級制度的維持是有很大作用的。封建時代以後，祖宗崇拜雖也對士紳階級有其特別權力的意義，但是其功能則更明顯地表現在延續維持宗族氏族的存在與整合，同時也藉祭祖儀式以促進宗族親屬群體的和諧，也就是我們在第二十章所說的第二層次的和諧。藉祖宗崇拜的儀式，不但使家系延綿不斷，而且使親屬關係和諧均衡，造就是數千年來中國人最最重要的價值重心之所寄，維持「家系」與維持「香火」之不墜，就成為同義的名詞，

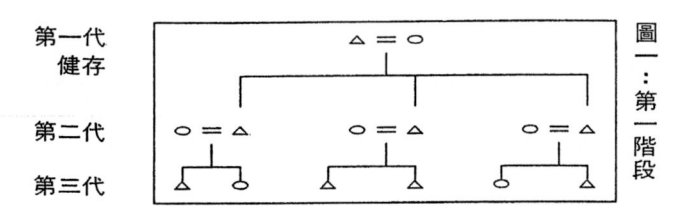

圖一：第一階段

第一代健存
第二代
第三代

那就是說維持祭祀祖宗的香火繼續不斷，就是維持家族系統延續的不二法門，所以作為子孫的人，對祖先首要的義務就是祭祀它，使祀拜的香火永遠不斷。從這立場來看，我們古典經義所說的「不孝有三，無後為大」的意義就可以更清楚地理解了。不孝行為中最大者並不是我們現代人所認定的不奉養父母，而是無後，無後者就是不能延續香火，無人祭祀祖宗，使所有的列祖列宗都無法得到「血食嘗祀」，自然要比只有一代的父母

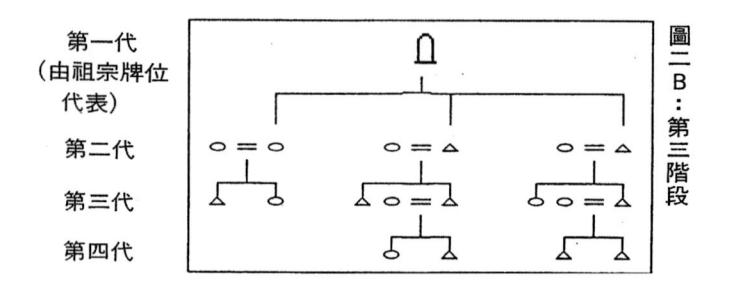

```
第一代
（由祖宗牌位
代表）
第二代
第三代
第四代
```

圖二B：第三階段

親得不到奉養更嚴重了。這就可以看出我們中國人對祖宗崇拜所寄託的重要內在意義。

祖宗崇拜的形式

傳統中國的祖宗崇拜包括二種不同的形式，那就是牌位崇拜與墳墓崇拜兩種，其關係可列如下表：

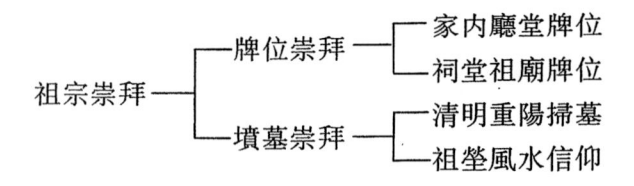

```
祖宗崇拜 ─┬─ 牌位崇拜 ─┬─ 家內廳堂牌位
         │            └─ 祠堂祖廟牌位
         └─ 墳墓崇拜 ─┬─ 清明重陽掃墓
                      └─ 祖塋風水信仰
```

祖宗崇拜中的牌位崇拜較墳墓崇拜為複雜而有系統，是祖宗崇拜的主要形式。所謂牌位崇拜就是把逝去先人的名字寫在

木牌上,然後經過一個儀式認定把祖宗的靈魂招引於牌內,而行祭拜之。一般來說,在私人家中所供奉的祖宗牌位是與這一家族直接有關的較近逝世的祖先,而在祠堂或家廟所供奉的牌位,則是宗族或氏族共同祖先之靈位,一般家中廳堂所供奉的祖先,如年代太過久遠,就可以遷到祠堂去供奉。在傳統時代,家中供奉的牌位,大都是一對祖宗由一個牌位代表,也就是一對逝世的考妣夫婦共同奉祀在一個牌位上,這通常稱之為「個人牌位」。這種「個人牌位」目前在臺灣已極為少見,而在大陸上也因文革的破除迷信,所有的祖宗牌位都被燒毀,現在幾乎都難找得到了。目前在臺灣較流行的祖宗牌位有兩種,一種是日本式神龕牌位,寫上「ＸＸ氏歷代祖先靈位」的「集體牌位」,以及其後發展的「方型多層集體牌位」,這也是在牌位外層寫上「ＸＸ氏歷代祖先靈位」字樣,但其內層則可填寫各個別祖宗的生死年月以為識別,可以說是「個人牌位」與「集體牌位」的一種綜合折衷型態。家內廳堂的祖先牌位通常供奉在正廳的神案桌上,右方供奉神明,左方則是供奉祖先之處。家中老一輩的人大約每月的初一、十五兩日都要在祖先牌位前上香,每遇到個別祖宗的生日或忌日,也都會上香或供奉祭品。

　　祠堂裡的祖宗牌位,也可分為集體牌位與個人牌位兩種,一般來說,年代久遠、組織龐大的氏族宗祠尚以至於現代的宗親會所都較常採用集體牌位,也就是以一個牌位來代表所有供奉的歷代祖先;但在世代較淺、血緣系譜較明確的宗族祠堂或家廟裡,則較常採用個人牌位,也就是和家內牌位一樣,以一

個牌位來代表一對考妣。通常在較講究的祠堂神龕裡都成階梯式的排列，各個祖先牌位都按照世代分別排列，最高始祖排在最上層，然後一代一代依序排列，最近的世代則排在最下層。祠堂的崇拜通常是春秋二祭，全體族人參加祭祀，然後共同在一起聚餐，稱之處「吃祖」。祖產豐富的宗族還會藉此機會發放獎學金，沒有族產的宗族則輪流由各房負擔祭祀費用，或由大家共同湊份而成。

祖宗崇拜的現代社會功能

目前在臺灣，祖宗崇拜仍相當程度地流行著，根據 80 年代中期，作者與同事們的研究，在大城市如臺北市，因為住家建築大部分公寓化，供奉祖先牌位的機會大為減少；但在傳統的城市中，如新竹市內，其居民仍然有 75% 供奉祖先牌位，而在新竹近郊的一個閩南系統的村落中，則 100% 的居民仍在家中或祖厝中供奉祖先牌位。我們可以這樣子說，在臺灣鄉村中，祖先崇拜仍是一種重要的傳統信仰型態，許多人也許遷到城市裡居住，早已無法供奉祖先牌位，但是在鄉下的老家裡仍然保持原有的祖先牌位存在，每逢年節大家都盡可能地返回老家祭祀祖宗，一方面藉以與同家族的人聚會，聯絡加強家族的凝聚力，另方面也象徵性地表達對共同財產的權利與責任。實際上，從臺灣鄉村祖宗崇拜的儀式行為中，我們可以看出這一古老崇拜儀式所透露出的許多現代人際關係的意義，這不但表達了人們

對家族財產的權利責任訊息,而且也經常成為同一家族中各成員之間表達相互關係以及穩定情緒的象徵,從若干較深入的研究實例中,我們就可很清楚地看到這些功能的具體表現。

80年代中期,作者在新竹市郊竹北地區的一個稱為嵌頂的閩南系統村落中做調查研究,這也就是前文所說的仍然有100%的居民都供奉祖先牌位的村落。在這村落中除去所有的居民都參與祭祀祖先之外,他們供奉的祖先牌位尚有特殊之處,也就是表現一種與正統父系社會祖宗崇拜稍有差別的形式。在這村落中共有113處廳堂供有祖宗牌位,在這113處祖先祭拜的廳堂之中,祖先牌位的形式有其相同之處,但也有很大差別的地方。相同之處在於他們的祖先牌位都已採用集體牌位,除去崇奉未滿一年的「神主牌」外,已不見單獨一個祖先的牌位。可是在另一方面,嵌頂居民祖先牌位也表現了非常特異之處,這種特異就是表現在一個廳堂或神龕中設有二個以上的集體牌位,而且大部分是不同姓的牌位,這也就是研究臺灣漢人社會的學者所說的「異姓公媽」的崇拜。根據田野資料,嵌頂113處廳堂祖先牌位數目分配如下:

一座牌位:五十六「家」
二座牌位:四十一「家」
三座牌位:十「家」
四座牌位:六「家」
合　計:一百一十三「家」

從上表中我們可看到嵌頂居民不但有兩座「異姓公媽」,

而且有三座、四座以上者，這無疑是很特殊的情形。同時，假如我們把兩座以上的牌位之家合計起來計算，則共有57「家」之多，恰好要與單座牌位者平分秋色了，這情形已經不能說是少數特例，而幾乎是慣例了。對於強調世系的傳統漢族家庭而言，容忍異姓的牌位存在於自己的廳堂之中，實在是不可思議的事。經過我們深入的研究發現，這種容納異姓祖先牌位存在的現象，不但表現早期漢民族移民時與母系平埔族接觸同化的折衷情形，同時也展現了非常有趣的家族成員互動過程。

所謂「異姓公媽」大都是招贅「夫」家的祖先，或者是母系祖先的牌位，因為原來婚姻關係的約定模糊而產生要求同時供奉的現象。一般來說，異姓祖先牌位在廳堂上供奉時，大多數是一姓或一系的祖先各自立一座牌位，但是在少數情形下，已有若干人家甚至把不同姓系的祖先寫在同一塊大牌位上共同供奉了。可是不論是單獨或共同牌位，不同系統祖先在供奉的地位上是顯然有別的，一家中主要姓系的牌位一定放置在神案右側主位（靠中間的位置），次要姓系則置於左側（外側），而供奉在同一大牌位者左右之別亦同。其實，所謂主系牌位與次要姓系牌位（或可稱外系牌位）在廳堂上地位的差別，已經是長久「派系」爭執的結果，通常外系牌位開始時只供奉在廳堂以外的地方，包括廚房、「閒間仔」、護龍等地方，然後經過一連串的人與神之間的爭執協調，才能有機會晉升到廳堂的神案上，與主系牌位並排而立。目前我們在嵌頂所看到的，仍有少數幾家的異姓祖先牌位尚在為其地位「奮鬥」之中，有的

居於護龍廳中，有的則更「悲慘」地放置於「閒間仔」的架子上。

所謂家庭內「派系」的爭執，通常是家庭中代表不同家系的人為著他所代表世系的權利義務而爭執，例如在招贅的家中，贅夫為了他自己父母牌位爭取地位，而一家中若有兩代的贅夫，其複雜性就更大了；有時家中有「過房」、「過繼」等情事，也會產生家系繼承的爭執；而再婚再嫁等婚姻行為，也常造成一家中多世系的紛爭。這些爭執實質上都是為了財產繼承的權利義務，但是形式上卻要藉其祖先牌位的供奉與否來作為合法性的象徵。這種爭執大半都藉家中有人患病或其他一連串的不平安作為話題，然後求神問童乩神媒，再藉童乩或卜答而引出是那一系統的祖先因為沒受到應有的供奉，才因而作祟以顯示其心中的不滿。解決的辦法是家庭中共同合議另立一個祖先牌位以供奉之，而最初可能只准許供奉於廚房或偏房，不能與主系祖先共同供奉於正廳。但是若經過不斷的「抗爭」，最終也會取得平等地位而供於正廳。因此在一個家庭中世系愈複雜者，供奉不同世系的牌位也愈多，而在日常生活上表現出來家庭成員的緊張關係也愈高，我們在田野時看到那些供奉三或四個異姓祖先牌位的家庭中，有三家出現精神疾病的患者，也是該村落中僅有的三個精神病患。從這些情形的表現，我們可以明顯地看出來，祖宗崇拜作為世系傳承的象徵代表，在現代的家庭中仍然有其穩定家庭成員關係的功能，家庭中權利義務的爭執與肯定，可以藉祖先牌位的樹立而有所解決。牌位本身對已逝的人也許不是真正有什麼作用，但是對活著的人卻有著相當穩

定心理與情緒、解決成員糾紛、肯定身分認同的社會意義。

　　我們探討傳統的祖宗崇拜，並沒有希望把這古老的風俗重新恢復之意，不僅現代化居住方式不易安排祖先牌位，現代社會的心態也不易容納這種信仰型態。但是在現代與傳統交替之時，年輕的一代有時對年長者的信仰不能諒解，常常會以為這是過時的迷信，產生排斥的心理，假如理解迷信形式的背後，也有其內在的意義，也許就不會那麼排斥，甚至會思考有沒有什麼現代的象徵體系，可以用來代替古老的崇拜制度，藉以解決家庭中種種緊張關係、身分認同的困境，這應該是我們對傳統的祖宗崇拜所應持的正確態度。

第廿四章 神靈與鬼魅

神與鬼的分野

傳統中國人的超自然世界,大致可分為三個系統:(一)自然崇拜:崇拜對象包括天公、神農大帝、土地、山神、水神、樹神等等;(二)神明崇拜:崇奉對象則有保生大帝、關聖帝君、媽神天妃、開漳聖王、廣澤尊王、恩主公等等;(三)祖宗崇拜:已如前章所述。傳統中國人對這三類超自然存在的基本態度,就如廿三章說到精神文化與宇宙觀時所述,都是祈求與它們維持和諧均衡的關係,也就是以人的世界為出發,追求自然與超自然的共同和諧。實際上,傳統中國人的超自然觀就是這樣以「人」為中心而投射出去的世界,既有超自然存在都是人的投射昇華。中國人的超自然信仰無疑是來自鬼魂的信念,相信人死後有鬼魂,自己親人的鬼魂就是祖先崇拜的對象,別人家逝去的人或惡死者就成為一般的鬼魅。鬼魅有時害人,有時對人有幫助,凡是對人有益的鬼,慢慢就會成為崇拜供奉的神。實際上,民間所崇拜的神明,都是故去而有貢獻的人。《禮記‧祭法》曾說:「夫聖王之制祭祀也,法施於民則祀之、以死勤事則祀之、以勞定國則祀之、能禦大菑則祀之、能捍大患則祀之。」這就很清楚了,凡是為民施法、以死勤事、以勞定國、

御（禦）災、捍患等有功於民間貢獻國家社會者，就可以受到祭祀供奉，受到祭祀也就可以成為神了。我們在前面談到「人治與法治」時曾說到西方信仰裡人與神是截然有別的，而東方的信仰中人與神是一個連續體；西方世界裡人是生來有罪而不能完美的，所以不能成為神，而東方世界裡人是可以靠自己的努力而達到完美的地步，所以現在被崇拜的神，都是過去對人類社會有過很大貢獻的人，也正是這個意思。這種以人為出發的超自然觀，不但崇拜有貢獻的人使之為神，而且也把自然崇拜的對象人格化了，所以「天」崇拜的對象就成為天公或玉皇大帝，而「地」崇拜的對象就成為地母，甚至土地公了。

民間信仰中對鬼與神的分別是有相當清楚的標準的，我們在前一章中說到拜祖宗，拜的對象是牌位，不論是個人牌位或集體牌位，都只是一個木製牌位，沒有人把祖宗塑成偶像而加以供奉的，這就是神與鬼的差別。成為神者就必須塑成偶像而供奉之，所以稱為「神像」。而祖先只是鬼的一種，因此不能塑像，只能製成牌位供奉，同樣的，一般未達神格的鬼廟，如臺灣鄉間所常看到的如有應公、萬靈公、「好兄弟」（無主的白骨）等等，都不能塑神像，只能有牌位，或寫在廟牆上，甚至拜一個骨灰罐而已，這也就是在臺灣民間信仰的寺廟中有所謂「陰廟」與「陽廟」的分別。「陰廟」者就是「鬼廟」，未正式受封而神格化的鬼魂之廟，而陽廟也就是神明之廟，其間的差別是很大的。

民間信仰中對鬼神差別的認定實際上還有更繁複的標準，

並不僅表現在神像與牌位的差別上,譬如供奉神明的陽廟,通常有完整的建築,最主要的是有廟門可以關閉,但供奉鬼魂的陰廟則經常是沒有門戶的小廟,一般稱為「三面壁」是也。還有,神明的祭祀都是有一定日期,包括神誕、神化升天等紀念日舉行慶典廟會,而供奉鬼魂的陰廟則只有在「普渡」的期間才行祭供,其他時間則隨個人需要而行之,並無固定日子。更重要的是在供奉的祭品與燒獻的冥紙上,神與鬼的差別就更明確:祭神明是用生食或半生的食物,祭祖先或鬼魂則用煮熟的食物;供神明用金紙,供祖先與鬼魂則用銀紙,這是民間信仰中很根本的規則,這不但明確表現神與鬼在觀念上的差異,而且關聯到民間信仰中犧牲祭品的一套更複雜的系統。

祭品的象徵意義

民間舉行祭典時所用的犧牲祭品有時看來極為瑣碎,但若仔細分析卻可看出有一定的原則存在,那就是用不同的祭品來表達對不同神靈的尊敬與親疏態度。假如我們把民間信仰中的神靈粗略地分為「天」、「神明」、「祖先」和「鬼」四大類,再看祭祀這四類神靈所用的犧牲、香火、冥紙就各有分別。以犧牲祭品為例,民間儀式中,用祭品以表達對不同神祇的態度,有兩對基本的原則,那就是「全」與「部分」、「生」與「熟」:用「全」來表達最高的崇敬與最隆重的行動,而形狀切得愈小,尊敬的程度也隨之而降低;用「生」來表示關係的疏遠,用「熟」

來表示關係的稔熟和較為隨便。

　　熟識臺灣民間風俗的人大都知道拜「天公」一定要「殺豬公」，殺的「豬公」一定是整隻敬供，也就是表示最高的敬意，如在祭祀孔子之時，一定以全牛全羊的太牢少牢為犧牲，也是同樣表示隆重與最高尊敬之意。同時，全豬全羊自然都未經烹煮，都是生供，也就是含有對祭拜對象一種遙遠關係的意義。其次，在祭祀一般神明時，無論從媽祖、關帝到王爺、千歲等等，祭品可用三牲或五牲，但不論三牲或五牲，都不是完整的，特別是獸肉，都只是一大塊，即使是雞和魚，也不必一定是全的。而這些「不全」的供品，在祭供之前都稍加烹煮，但不是真正煮熟。這些都是表示對「天」以下的各種神祇較次一等的敬意，同時也因祭品犧牲的稍加烹煮而表示其關係的較為密切，與不問世俗事的天帝有所差別了。

　　再說供祖宗的祭品，大半都與家常菜餚無大差別：供的魚肉大都切成可以食用的小塊，而且都煮熟了，不但煮熟，有時還加以調味，這都明白表示祖宗與其他神靈有異，屬於「自家人」的範疇，所以完全以家常之禮待之，在敬意中帶有親暱之情。至於對待「小鬼」，態度就屬於隨便的了，自然談不上「全」與「生」，甚至也不講究成盤整碗，大都是一點白米飯加上若干菜餚就算了事，最多加上一兩杯酒就很好了。至於燒供的冥紙，我們前面已說過，供神明用金紙，供小鬼用銀紙，而在金紙中，供「天公」與「神明」也有分別；銀紙則分大銀、小銀兩類，分別供祖先與小鬼，其間的分別等級也很清楚。還有香

火的形式，在等級上也有差別。下面我們列表，把其他供奉神靈的物品及場所再加分別說明，就更能明白祭品類別與神靈等級間的關係：

神靈 項目	神		鬼	
	天	神明	祖先	小鬼
冥紙	金紙		銀紙	
	天金，盆金	壽金，割金	大銀	小銀
祭品 形狀	完整	大塊	小塊	小塊
是否烹調	生	半生	煮熟，調味	普通熟食
香火 形式	盤香	三枝	二枝	一枝
分香與否	無	分香，割香	分香	無

　　從上文所陳述有關祭品的種類與分別，我們瞭解宗教儀式實是一種含有一定原則的象徵行為，人們藉儀式中所用的種種祭物以表達內心對不同種類超自然存在的親疏尊敬態度，也可以說是要藉不同程度的祭品以達成與神靈間的互惠關係。瞭解了這種人與神間關係的象徵意義後，也許可以使我們對人與人的饋贈行為，以及種種酬酢飲讌的互惠行為有較深一層的體會與認識。說到這裡，使我想起一則有趣的故事，那就是在1935年間，英國著名的人類學家瑞得克瑞夫‧布朗教授（A. R. Radcliffe-Brown）到北京燕京大學訪問，有一次他由一位燕大的年輕助教陪同去村間考察，當他看見一人家正在廳堂裡排了很多食物祭祀祖先，他問陪他去的人說：「你們中國人是不是真的相信祖先的靈魂會來吃這許多祭品？」那位社會學助教稍有

誤會布朗教授的話意，於是反問道：「你們英國人是不是真的也相信你們的祖先會聞到獻於他們墓前的花香？」這一對答很有意思地點出宗教祭品的象徵意義，而我們如真的從象徵的立場去看祭品，把祭品看作是表達內在感情或態度的象徵物，那麼就會對民間祭典中的種種祭品有較深度的瞭解。

從祭品的象徵意義來看，它所透露一個民族所欲表達的超自然存在與現實社會的關係，確是非常清楚的。從我們前面的分析中可看出我們宗教儀式中所用的祭品實在要比英國人複雜得多，因為我們要用不同的祭品甚至金銀冥紙來表達對超自然存在的分類，而這種分類卻又反映出我們社會的現實存在。我們把超自然存在分為最根本的神與鬼之別，這種分類多少反映出傳統社會裡庶民與士紳之間的差別，而在鬼魂的範疇裡分辨祖先與小鬼兩類，正也是傳統社會裡所謂「差序格局」親族關係的明白表現，傳統社會裡對待「自己人」與「陌生人」的態度，正可以在對待自己的祖宗與別人的小鬼看得很清楚。而在神明的範疇裡，把「天」與「神明」分別開來，也可說是現實社會裡「天子」與「官員」的差別反映。我們在民間信仰的其他神譜裡，也可看到更詳細的神明等級分類，這也是更進一步地反映出現實社會裡官僚系統的組織型態。從這樣的角度去理解傳統信仰裡的超自然存在，我們就更能明白在前文討論的類別時，我們為什麼把宗教說成是表達文化（expressive culture）的一種。宗教信仰確是一種象徵系統，人們藉以表達他們對社會生活、人生存在的理念與理想，並藉這種抽象的理念肯定社會的秩序

與安慰個人的心理。在西方的世界裡，如前所述他們認為人是不能完美的，所以他們藉一個完美的神來約束人的生活與行為，這是西方的超自然觀念；中國人的世界裡，人是可以完美的，所以那些行為近乎完美的人就被崇拜為神，以便作為人們的典範，這便是我們的超自然觀念，在我們的超自然世界裡，神與鬼必須共同存在的，假如沒有鬼，就不能襯托出神的完美性，但是我們的鬼不像西方的撒旦，那是與宇宙並存的，我們的鬼卻都是人死後變成的。這些分析，假如與前文所討論的「人治」與「法治」社會一併思考，對理解我們自己的宗教信仰就會更有深層的體會。

第廿五章 宗教抑迷信？

我們在前一章中曾說到臺灣的民間信仰中有「陰廟」與「陽廟」之分。所謂「陰廟」就是鬼魂的廟，如有應公廟、萬善祠以至於「好兄弟」等等；而「陽廟」則是奉祀神明的廟，如關帝廟、媽祖廟、祖師廟、恩主公廟等。就如我們在前文所說的，陰陽廟之別就如官府與庶民一樣，陽廟的神明代表正統官方的力量，所以反映一種監督、治理、約束的正義精神，其間當然也有保護、扶持的意義在；陰廟的鬼魂雖有其超自然的神祕力量，但其性格卻如一般人一樣，好惡不定，端看你給它的供奉犧牲甚至「賄賂」多少而定，最少這些陰廟沒有為人間主持正義的責任，它的存在只是要滿足人的慾求與私利。

在傳統的社會裡陽廟的功能遠超過陰廟，人們的生活大都以陽廟為重心，尤其是鄉村裡，村民經常聚於村廟，參與共同活動，但個人的種種心理需要都只是默默地祈求神明的保佑，而不敢有什麼明確的要求，更不敢有交換條件甚或賄賂行為出現，同時社群的生活也都靠它來作為統合的中心；可是那些滿足個人慾求的陰廟就不同了，它大都不受一般人的重視，只有社會邊緣人如賭徒、妓女、乞丐才會光顧，所以也受民眾的鄙視，除非不得已大都不願與陰廟有接觸，大家心裡都明白與鬼打交道總不免有其危險在。因此我們可以說，在傳統社會裡民間宗教信仰經常還是維持一種平衡的狀態，也就是代表社會公

正力量、促進社群整合的神明崇拜遠超過滿足個人慾求、代表巫術性質的鬼魂崇拜，換而言之，代表正統的宗教發揮了較強勢的力量，因而平衡甚至掩蓋了趨向於迷信的風氣。

可是，在變遷快速的時代裡，特別是在現代工商業的社會，功利現實的風氣盛行，個人主義瀰漫，因此那些滿足個人慾求的鬼魂崇拜逐漸流行起來，而在此時社群生活也相對地鬆懈，代表社會倫理準則的力量也趨於軟弱，所以各種原來不為人看重的陰廟遂興盛起來，不僅有應公、萬善祠、好兄弟廟有大量信徒湧到，而私人主持的各種神壇、私廟也同時大行其道。祭拜的人們到這些地方來可以說都是赤裸裸地與鬼魂打交道，要求解決生活上的種種困難，並進而要求幫助獲得各種彩票中獎的數字，所謂求明牌是也，有時還會來求得一些符咒，用以傷害自己不喜歡的人，這些行為大都是他們原來不敢向正統的神明提出要求的事，可是面對與他們同屬「煙火熟食」的小鬼神，就會肆無忌憚地無所不為了，實際上這已不是一種崇拜的宗教行為，而是一種交換條件的巫術行為了，這就是我們目前看到臺灣民間信仰的景象。我們在 80 年代中期，曾經在新竹市內做過普遍性的寺廟與市民宗教行為調查研究，根據這一項調查，全新竹在 1983 年時共有各類寺廟 296 座（行政當局登記者僅有 81 座），我們把這 296 座寺廟分為五大類：香火廟、土地廟、陰廟、私壇和佛寺齋堂。其中土地廟最多，共有 127 座，佔 42.91%；其次是私壇，共有 59 座，佔 19.93%；再次是「香火廟」，共有 49 座，佔 16.56%；第四是佛寺與齋堂，共有 34 座，

11.49%；最後是陰廟，共 27 座，佔 9.12%。在這五類寺廟中，所謂「香火廟」，可以說就是我們在前文所說的陽廟，也就是典型的神明廟，其總數僅佔 16% 而已，而那些滿足個人慾求的陰廟與私壇，兩項共有 86 座，佔近 30% 之譜，已近乎一倍正統神明廟之數，由此可見這類迎合現代個人功利主義需要的廟宇是如何興盛，而上述調查仍是在近十年前所做的，近年來這種趨勢尤為激烈，相信其發展又不止於此，這是臺灣民間信仰發展最受人憂心與批評之處。

從宗教學的立場來說，一般所謂宗教信仰大致包括兩個層次，第一個層次是屬於較觀念的層次，那就是探尋如生死問題、人生意義的終極關係，以及倫理道德、社會正義等相關問題；第二個層次是比較具體的層次，那就是有關超自然存在的問題，這就是信仰的超自然對象，包括我們前述的神明與鬼魂等超自然存在都在內。人類藉超自然存在的信仰一方面可以滿足個人的心理需要，另一方面又可藉以整合社群團體。超自然滿足個人的需要又可分別為兩種不同的態度，一種只是對超自然默默禱告、祈求，請求賜予平安福祉，而不敢有什麼太具體的要求，這種信仰態度一般稱為「宗教態度」。另一種則帶有強迫性或交換性態度，要求超自然給予某些具體的滿足，有時甚至會作一些法術以達到所需的目的，這種信仰的態度與行為，一般稱

為「巫術態度」或「巫術行為」（magical behavior）（註1）。綜合前面的敘述，我們可以把「宗教信仰」的內涵表解如下：

根據以上的分析，我們可以說，在一個合理而正常的宗教信仰裡，不僅終極關懷的探尋與超自然崇拜兩層次上都有平衡的發展，而且作為整合社群與滿足個人需要的超自然崇拜也有相當程度的相互均衡，否則只是偏向於現實功利傾向，一味追求個人的慾求，這個宗教就是失衡了，也就是傾向於一般所說的「迷信」了。

在西方的社會裡，特別是猶太基督傳統的宗教裡，終極關懷的追求以及倫理道德的開展，都是與超自然信仰與崇拜密切扣連在一起的，在《聖經》裡上帝的存在不僅是信仰本身，同時也解釋了宇宙、生死、人生的最終意義，而社會制裁、道德倫理的根源也由此得到肯定與維持。西方社會的信仰不是沒有

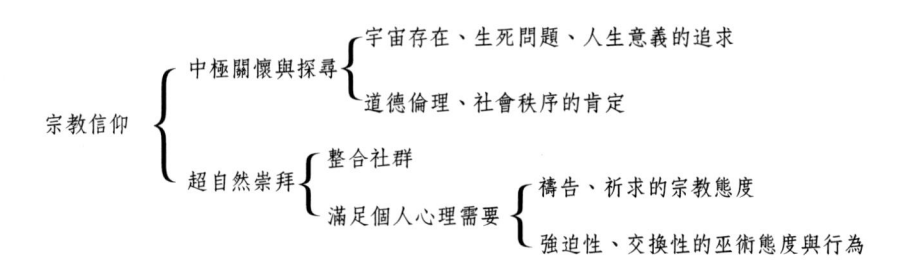

宗教信仰 {
　終極關懷與探尋 { 宇宙存在、生死問題、人生意義的追求
　　　　　　　　　 道德倫理、社會秩序的肯定
　超自然崇拜 { 整合社群
　　　　　　　 滿足個人心理需要 { 禱告、祈求的宗教態度
　　　　　　　　　　　　　　　　 強迫性、交換性的巫術態度與行為
}

（註1）英文中 magic 一字有兩種涵義，其一是指一般變戲法時所常見的 magic，在中文裡一般譯為「魔術」；其二是宗教學中以操作法術求得神靈滿足需求者，亦作 magic，在中文裡則應譯為「巫術」。

失衡的時候，中古時期巫術與神權也常常高漲，但終由種種宗教革命而得到平衡，近代的種種異端教派，也常常以巫術邪說惑眾，但總是高潮一過就煙消雲散了。可是我們傳統的中國民間信仰型態就較不一樣，就如我們前面所說的，傳統民間信仰的結構特色是超自然因素與倫理道德因素有相當程度的分離，而不像西方宗教那樣的兩者密切結合。在傳統中國文化中，倫理道德概念與哲學系統都一直是由儒家思想所主宰的，宗教信仰中只用現成的道德倫理來作獎懲的判斷，而自己並不對道德本源作哲學性探討的。這一傳統是中國文化中以「人」為本位而不以「神」為本位所出發的特色，也就是說在中國文化中「神明」的完美與神聖是由人來界定的，而不是神本身所確立的。在傳統的中國社會裡，儒家的倫理道德規範受到普遍的尊重與肯定，所以發揮了如西方《聖經》的力量，平衡了民間超自然信仰的因素，使理想與現實得到相當穩定性的均衡，除非是在社會秩序很混亂的時代，中國傳統的宗教信仰仍維持相當合理的狀態。可是，在近代大變遷的過程中，儒家倫理思想受到極大的衝擊，不復成為主宰的力量，在這樣的情形下，宗教領域中的超自然系統就有如脫韁之馬，不受約束而膨脹發展起來了。在民間社會裡，它們原與大傳統的儒家倫理思想並不直接扣連，它們原靠那些正統的神明崇拜發揮了社群整合的力量，並藉社群生活的體驗，維持了倫理規範、人際關係與天人之間的和諧。可是，不幸的是社會變遷的過分快速、個人功利現實思想的急遽形成，那些正統的神明崇拜也逐漸為巫術性的陰廟崇拜所掩

蓋，人與超自然之間只有利害相互的交換關係，所有的終極關懷與倫理道德精神所賴以維持的意義消失殆盡，這就是當代臺灣民間信仰被責難為什麼會那樣迷信的根本因素。

　　宗教的信仰並非只是滿足個人的需要而存在，宗教信仰為人類帶來終極關懷的體認，創造人生的意義與理想，並為社群生活增添光采，表達人類至高的綜合力量，若只是為個人的慾求而有宗教，那就是徹底的巫術與迷信，這是我們對宗教與迷信之間應持的分辨標準。

第廿六章 算命占卜的文化觀

前文我們說到當代臺灣社會的迷信風氣以及其巫術性的趨向，這一類的巫術性迷信風尚，也可在各階層人士都喜歡算命占卜和看風水的行為上看出來。傳統中國人的宇宙觀，就如我們在第廿三章中所述，很著重與自然界的時間與空間因素配合調協，以求得其均衡，由此也就很著重命運的走向，努力追求這天人的均衡，以獲得運途的吉泰、人生的幸福。可是這一種原來好卜運途的風氣又有了新的現代背景，那就是因現代社會急功近利與個人主義趨向而變本加厲，所以在當前的社會裡除去鬼神崇拜的問題外，好命卜的種種行為，也是社會中巫術性迷信風氣的一面，值得細加考察瞭解。為了對算命占卜行為有一全面性理解，在這一章中我們要從很寬廣的角度來探討，也就是先以全世界各民族的占卜風俗為背景去分析，然後再回到對傳統中國占卜的討論。

占卜的種類

占卜是遍存於全人類社會的一種宗教行為，無論是原始或文明的民族都有某一形式的占卜方法存在。對占卜的探討，我們若從寬廣的角度先去考察全世界各民族不同形式的表現，再回來檢討我們自己的占卜文化，則會有較廣和較深程度的瞭解。

占卜的行為從比較宗教立場看是一種與超自然的溝通，人藉占卜的方法，企圖從超自然或神靈得到一些啟示，然後依據這些啟示去做自己認為應該做的事。藉占卜與神的溝通，在溝通的形式上而言，實可分為三個類別：第一類是自然訊息的觀察，這是人們觀察那些被認為是神所啟示的自然現象，從這些現象的變化用作解釋的徵兆；第二類是人為操作的溝通，這是占卜的人進行各種法術以求得神靈啟示訊息，而不只是被動地觀察自然現象而已；第三類是藉人類的口直接與神溝通，也就是所謂「神媒」。本章著重於一、二兩類占卜方法之探討，第三類神媒則在下一章中敘述之。

自然訊息的觀察

　　人類未主動採取各種方法以迫使神靈啟示訊息，只是從若干自然現象的變化解釋為神的啟示，這種溝通可稱之為「占」，因「占」在我國古代的原義是「視」，也就是只觀察審視徵候，而「卜」則有所操作，應是第二類的溝通。觀察自然訊息的「占」大致可包括四種：鳥獸占、占星術、體相與夢占。

　　（一）鳥獸占

　　鳥獸占英文稱為 augury，其義有廣義與狹義之分，廣義指一切地面上自然現象的觀察，狹義是特別指觀察鳥類以求得徵兆。所謂徵兆 omen，來自希臘文的 oionos 一字，這是指一種鷹類的鳥而言，在古希臘常把這種鳥作為占視吉凶之用，故即以

為預示徵兆的總稱。鳥占不僅在希臘羅馬時代甚為盛行，在很多其他民族中亦甚普遍，英文中有 ornithomancy 一字專指鳥占（按 ornith 在希臘文中為鳥，mancy 希臘文為預知之意，故許多占卜字均以 mancy 為字根）。

臺灣高山族就是一個盛行鳥占的民族，他們遇到出草獵頭、打獵、舉行儀式或出遠門都要注意鳥的行動、聽鳥的聲音以定吉凶行止。例如泰雅族，他們認為一種稱為「喜勒」的鳥是祖靈所託，所以聽喜勒鳥的聲音並觀察牠飛行的路線都可占知吉凶。他們凡有重要行動之前，一定要行鳥占再決定行止。通常在黎明之時，由首領或頭目先到村外聽鳥聲，鳥叫急促而短則凶，長而柔則吉。出發時如遇到喜勒鳥橫飛阻斷去路則是大不吉，全隊折回不再行動。

鳥獸占除去真正的鳥占外，尚包括如下各種占法：

火占（pyromancy）：觀察火焰之形狀以判斷徵兆，非洲及若干印第安人有這種占法。

石占（lithomancy）：觀察岩石的紋路以定吉凶，石占最特別的形式是觀晶術，也就是觀察水晶球內紋路的變化以定命運如何，這在歐美社會仍然是很流行的占法。

水占（hydromancy）：觀察水流及波紋的形狀以定吉凶，這種占法在太平洋土著中頗為盛行。

（二）占星術

占星術 astrology 在英文字根上雖有 ology（學）存在，但實

際上不是一種科學的學科，倒是另一字 astronomy（天文學）才是真正的學科，而占星術僅是一種占卜方法。西洋的占星術起源甚早，公元前三千年時代蘇末利人（或譯蘇美人）已有觀察星象以瞭解神意的方法，到了巴比倫時代占星術更形發達。希臘人在公元前五世紀時代也從小亞細亞學得占星術，因為占星術觀察星象的方法與希臘人的神話甚為配合。兩河流域文化的占星術大都用於占定國家大事，但到希臘時代也有用占星術以占個人事情的。

原始民族的占星術較不發達，只有在墨西哥的阿茲提克（Aztecs）的占星術較為突出，阿茲提克的文明是古代美洲土著的三大文明之一，他們對星象的觀察雖有占卜之意，但已發展成為頗有系統的曆法與算學。

我國古代亦有占星術，並且有我們自己一套的解釋理論，待後文談到我國的占卜時一併論及。

（三）體相

體相 somatomancy 是較近代常見的占法，根據加州大學洛杉磯校區人類學教授李沙（William Lessa）的研究，全世界各民族的體相大致可分為二大類，也就是自然體相（natural somatomancy）和天象體相（astral somatomancy）。所謂自然體相就是直接觀察人體各部分的狀態，並以之為徵兆作為判斷預測命運的標準。天象體相則較為複雜，不直接以人體的現象作判斷，而是把人體的現象與天體星象的部位作對比，然後以之

為徵象作判斷。

自然體相一般分為痣相（neomancy）、眼相（ophthalmoscopy）、頭骨相（phrenology）、手相（palmistry）和骨相（osteomancy）等。天象體相則包括有額相（metoscopy）——以額與部分天空類比、掌相（chiromancy）——以掌與天類比、生體相（physiognomy）——以身體各部位與星座類比等。

（四）夢占

夢占也是全世界各民族常見的占法之一，藉夢中所見以解釋為神的啟示是非常普遍的事。一般把夢到的情境都解釋為神諭，但也有特別到神廟或其他與神有關的地方來求夢的。有些民族並用藥物（如麻醉植物或刺激物）或其他類似催眠的辦法以求得神的托夢，例如北美洲的印第安人有「仙人掌教」（Peyote cult），是一種土著基督教，他們每週六聚會時大家都吃稱為「派薄提」（peyote）的仙人掌，這種仙人掌極富麻醉作用，吃後就會有各種幻夢，印第安人把夢中所見認為是神的託示，就照神的話去做他們認為應該做的事。夢占在某一程度內算是自然訊息的觀察占卜，但是假如利用藥物或其他催眠法，似已屬於人為操作占卜的範疇了。下面就人為操作溝通的占卜再加說明。

人為操作的溝通

有些民族要預知未來命運的吉凶多依照觀察自然現象而定，

可是有些民族則似認為等待自然現象的出現較不實際，不如做些法術以迫使神靈啟示徵兆更來得有效，用法術或經人操作以求得徵兆者稱為神諭（oracle），在我國古代稱為卜，卜與占的差別即在於是否經人為的操作。這種人為的卜法大致可分為四類：

（一）內臟卜

內臟卜（haruspicy）是利用動物內臟如肝、腸或其他器官的形狀作徵兆以判斷吉凶。要看到動物的內臟必須先殺了動物剖其身體，由此要先經過一番人為的操作，同時這種卜法也經常與祭祀犧牲有關聯，因殺動物作犧牲以祭神，在殺的過程中就可附帶求神啟示於被殺動物的內臟裡。最常用作預卜的內臟是肝與腸，肝卜（hepatoscopy）在內臟卜中有特殊的意義，因為古代的巴比倫人曾大量利用動物的肝臟作占卜之用，考古家曾在巴比倫故墟中發現成千成萬的泥塊，其上印有各種肝臟模型或紋路，根據研究，這些肝模型是占卜後收藏作為記錄，有些則是占卜師用來作為教給徒弟解釋肝卜的模型，由此可見肝卜在古代巴比倫是多麼流行的一種占卜。這些巴比倫的占卜泥塊與我國古代的甲骨文，都屬研究古代占卜的珍貴文物。在臺灣，蘭嶼的雅美族也有用雞肝來占卜的風俗。

內臟卜最特殊的一種是古代南美洲印加人用美洲駝的肺來占卜。印加人在出戰之前要殺一隻黑駝作祭，並以之先卜吉凶。作祭的駝馬要挨餓數天，然後拉到祭壇前，讓牠面向東，由三、四個人拖住駝馬，另一人剖開胸部，立即把肺及心拉出胸膛，

如肺尚顫動，則認為是大吉。日本人類學家大林太良研究印加人的內臟卜，認為在美洲其相似的風俗絕少見，但在東南亞及太平洋一帶此種卜法則甚盛行，故大林氏認為印加人的內臟卜很可能是由亞洲傳去的。根據大林氏的研究，在中南半島上有許多民族如卡欽（山頭）人、卡倫人、卡西人、那卡人都有內臟卜，他們大都用牛、山羊及豬的內臟作卜。在東南亞海島區則婆羅洲、菲律賓、西里伯斯、民他威諸地的土著也都行內臟卜，他們用豬、羊及雞作卜。在東太平洋則夏威夷、大溪地及新（紐）西蘭的土著也用動物的內臟作卜，紐西蘭的土著甚至用人的內臟作卜，大林氏不但認為美洲印加人的內臟卜與太平洋東南亞有關，並且認為這一風俗來自亞洲大陸及中國。大林氏認為《漢書》記載粵人有雞卜及雞卵卜，又說《禮記》所載用牛羊的肺作祭，都應該是內臟卜的一類。按《漢書·郊祀志下》即說粵人的雞卜，是用雞骨作卜而不是用雞內臟作卜。又《禮記‧少儀》：「牛羊之肺，離而不提心」，是指祭祖時用牛羊作犧牲處理肺及心的辦法，並未說到用肺作卜。因此大林氏的說法，認為內臟卜曾在我國古代盛行過似不甚正確，但印加人的內臟卜與太平洋東南亞有密切關係則較為可信。

（二）骨卜

用動物的內臟作卜，在某一程度內仍未完全具備人為操作的條件，因為除去殺動物外，對其內臟僅作觀察，並未加任何改變。骨卜則不同，要先把動物的骨甲取出，洗淨曬乾，然後

用火灼燒使之破裂,再就裂痕的變化作徵兆以判斷吉凶,這是一道相當繁複的人為操作手術。骨卜的分布有明顯的區域性,除去歐非兩洲有零星的出現外,以環北太平洋亞洲美洲兩岸的民族最為盛行。分布於我國東北的通古斯族以及西伯利亞的古亞洲族的 Chuckchee、Koryak 等族都用馴鹿、海豹及牛羊的肩胛骨或角作卜,北美的二大族 Athabaskan 和 Algonquian 人也用馴鹿、麋鹿、水獺等動物的肩胛作卜。但是把骨卜發展到最高峰的是我國商代的人。殷商時代的骨卜有時也用動物肩胛骨作卜,但他們大部分用龜的腹甲為材料,卜的過程也用火灼燒龜甲裡面,燒至其表面有「龜裂」的痕跡,再以裂痕為徵兆定吉凶。商代的甲骨占卜都是為皇室而做的,卜問的事也都是有關邦國及皇室的活動,占卜的官吏(稱貞人)在卜問後把所問的事及其結果用銅刀刻於龜甲上以為記錄,這就是我們一般所說的甲骨文。下文再引羅振玉《殷墟書契考釋》的一段話,使對殷代的骨卜有更進一步的瞭解:

  以龜,亦以獸骨,龜用腹甲而棄其背甲。背甲厚不易作兆且甲不平故用腹甲。獸骨用肩胛及脛骨,脛骨皆剖而用之。凡卜祀用龜卜,他事皆以骨,田獵則專用脛骨,其用胛骨者則疆理征之事為多 其卜法削治甲與骨令平滑,於此或鑿焉或鑽焉或既鑽更鑿焉,龜皆鑿,骨則鑽者什一二鑿者什八九,既鑽而鑿者二十之一耳,此即《詩》與《禮》所謂契也。鑿跡皆橢圓形如◎,則正圓形如◉,既鑽更鑿者則外圓而內橢如〇,大抵甲骨薄者鑿鑽,或其鑽而復鑿者皆厚骨不易致坼者也。既契乃

灼於契處以致坼灼於裡，則坼見於表，先為直坼而後歧坼，此即所謂兆。予所見兆形甚多略示如下：

┝ ┝ ⺊ ⺊ ⼘ ⼘ ⼘ ⼘ ⼘ ⼘ ⼘ ⼘ ⼘ ⼘

羅振玉先生文中所引的卜兆形，實際上就是「卜」字的象形來源，同時卜字的發音也就是燒灼龜骨或獸骨裂開時的聲音而來，由此可見骨卜與中國占卜源起的關係。

（三）擲筊

動物的骨頭除去燒灼以求卜兆外，較小型的骨頭如腕骨、踝骨也用作投擲的「筊」以決定吉凶，例如古代的羅馬人就特別喜歡用膝蓋骨來投擲作卜。除去骨頭之外，作為「筊」的東西可以有很多種類，包括竹子、乾果、樹枝、豆子、種子、葉子、小石子、貝殼等等，占卜的人用這些東西當作骰子來投擲，由其出現的形式來決定徵兆。

擲筊大部分是由人投擲，但在若干民族中也有用動物來代替人投擲的。倒如非洲克蔑囊的土人就把做有記號的棕葉放置在一種毒蜘蛛的洞口，毒蜘蛛爬出洞口而翻動葉子，再由其翻動的情形來決定事情的吉凶。還有非洲阿桑德人（Azande）則利用螞蟻來幫助占卜，他們把兩枝不同種類的樹枝放在蟻窩外面，然後依螞蟻嚙哪一種樹枝來決定兆頭。其他民族也有訓練小鳥、猴子來投擲或抽取「筊」以定休咎。

「擲筊」在我國占卜史上也有相當久的歷史，而且發展成很複雜的形式，這在世界各民族中是很少見的。筊又稱桮筊，

或作盃珓，又俗稱杯筊。宋代葉夢得著《石林燕語》一書云：「南京高辛廟，香案有竹梧筊　以一俯一仰為聖筊」，又宋人程大昌《演繁露》一書中亦有這樣的一段記載：「後世問卜於神，有器名盃珓者，以兩蚌殼投空擲地，觀其俯仰以斷休咎。自有此制後，後人不專用蛤殼矣。或以竹，或以木，略斲削使如蛤形，而中分為二，有俯有仰，故亦名盃珓。盃者，言蛤殼中空，可以受盛，其狀如盃也。珓者，本合為教，言神所教告，現於此俯仰也。」故筊字亦可作珓，有時也寫作教、校或斆；梧字亦作盃，或作杯，杯字與閩南及臺灣目前所用者完全相同。凌純聲、芮逸夫二先生在《湘西苗族調查報告》一書中曾用「筶」字代替「筊」字，此或係苗人語或湘西音，他們在附註中亦稱「筶」不見於諸字書，大概是筊字之誤。

有關擲筊的原始，容肇祖氏認為可比宋代更早，或可早至唐代，他引韓愈〈謁衡嶽廟詩〉之一句：「手持杯珓導我擲」為證。實際上筊應可上溯至荚筊之卜，後來分化，簡單的可能成為杯筊，較複雜的與中國文字藝術互相配合，成為卦卜與籤詩等，這在下文中將再詳細論及。

（四）神判

神判 ordeal 在許多民族中都甚流行，在中世紀的歐洲以及殖民時代的非洲土著中神判都很普遍。所謂神判是用占卜的方法來決定犯罪與否，這種判決通常是恐怖而富戲劇性的。在奈及利亞被懷疑做黑巫術害人者會給他吃下一種有毒的豆，如他係無辜則

不死，否則就會中毒而死。達荷美的人更有各種不同的神判法，如置燒熱的刀於疑犯的舌頭上，或要疑犯從油鍋裡拿起穀粒，或放胡椒於疑犯眼中看他是否流淚等等。從現代的眼光來看，神判是殘酷而不合理性的，但實際上，神判是一種藉戲劇性的行動以平息可能產生更嚴重後果的儀式行為，也經常是一種藉超自然之名以處決一些不為社會認同的人的手段。因此假如我們把神判看作是一種取信於眾人的展示、一種處罰，而不把它當作是審判本身，其社會意義就可以瞭解了。

占卜的社會功能

如上節所述，占卜的種類是如此繁多，世界上各民族不論是文明的或原始的，遠古的或現代的，都或多或少行一種或數種的占卜。為什麼占卜會在人類社會中如此流行呢？各民族所行的占卜在他們各自的社會中是否有特殊的意義？要回答這些問題應先由個別民族占卜的事例入手。

非洲東部的阿桑德人是一個很盛行占卜的民族，他們的占卜經由英國著名的人類學家 Evans-Pritchard 的研究已成為人類學者論占卜的範例。阿桑德人有很多種不同的占卜方法，上節所述利用螞蟻來擲筊是其中一種，此外尚有「磨板」（rubbing board）來求卜的方法，但是他們最看重的卜法還是一種稱為 benge 的雞卜，雞卜用來決定較重要的疑難以及涉及律法的糾紛，其他兩種卜法只用在日常生活上一些小事的決定。benge 的

卜法是利用番木鱉（strychnine）磨成粉紅色的粉末來餵給雞吃，這種植物有劇毒，但雞吃了有時會死，有時卻不會死，所以阿桑德人認為這是神的力量，也就利用它作為判斷神意的標準。行 benge 占卜的人都是年長的男人，本來在阿桑德族中年長的男人即已有很大的權威，由年長的男人來行占卜就更有決定的意義。占卜者在餵給雞毒藥前，先把要問的事向神禱告，並求神指示使雞死或不死，占卜者問話的方式很迂迴且模稜兩可，因此他對徵兆的解釋有相當決定的份量，而且作 benge 卜時都同時用兩隻雞來作卜，前後兩隻雞所現的情形要一致才算數，但是一經決定後大家都深信不疑並按照卜者的意見去行事。從阿桑德 benge 占卜的這一例子看來，他們的占卜實際上是有權力的年長者藉著神的意旨來決定懸疑未決事情的手段，年長占卜的人在占卜時從模稜兩可的問話中可以有很大的支配力量，在這情況下可以說占卜與年長者的權威是互相肯定、互相維護，因此事情一經占卜決定了，就不再猶豫徘徊於不同的可能行動之間，而一經行動之後也就沒有徬徨後悔的困境了，這對阿桑德人心理的穩定是有很重要的意義的。

另一個要舉的例子是巴西亞馬遜河流域的葵古魯族（Kuikuru）人的占卜。葵古魯人的社會組織很簡單，每一部落中雖有一頭目，但他只是一個有經驗的年長者，憑他的經驗領導部落人去打獵採集，他沒有任何政治的權威支配他的族人，他更不能處罰不守規則的人。在葵古魯族中實際上沒有執法或實施社會制裁的機構，若遇到有違反社會規範的案件發生，就

由巫師行占卜以決定是否犯罪或犯罪的人是誰。可是巫師即使找出犯罪者之後，他也沒有力量採取制裁，他只是提出控訴，然後由全部的人來決定如何處理，通常較嚴重犯罪者如一被占卜認定，就會為眾人所驅逐，有的甚至被全體的人殺死。從葵古魯人的例子看來，占卜不但發揮了社會規範與制裁的功能，而且有統合群體內成員意見使趨於一致的用處。實際上，在很多為群體而行的占卜中，藉占卜的力量以統一歧見是最重要的功能。

非洲奈及利亞的伊波人（Ibo）社會中，占卜又發揮了另一種功能。伊波是一個很大的族群，全族分為兩百個以上的父系氏族，而每一個氏族之間都有很大的獨立性。在兩百個氏族中有六個氏族世傳有占卜的技術，這六個氏族的占卜者經常旅行於其他氏族之間，代他們斷定疑難、解決糾紛，因此其他氏族的人對這六個氏族特別尊重，他們也就享有較高的政治支配權力。藉著這樣的權力，這兩百個不相統屬的伊波氏族就有某種程度的整合，使氏族與氏族間維持較和諧的關係。此外，六個氏族的人藉各地為人占卜之便，也常把貨物運銷於各族之間，他們因受各族的尊敬，所以旅行及進行貿易時就不致發生危險，這樣子就使伊波人族與族之間的經濟流通得以順利完成。從這裡我們可以看到占卜尚發揮了政治整合和促進貿易的功能。

有些學者認為占卜在某種程度內實有助於該民族調適自然以獲得生存之功。例如 Omar Moore 先生分析北美洲那斯卡比（Naskapi）印第安人用骨卜以求多獲獵獸的情形，他就以為骨

卜的辦法確能在長遠的期間內使這靠打獵為生的印第安人有較大生存的保證。那斯卡比印第安人和北美洲北部的印第安人以及北亞土著一樣行獸骨占卜，他們採用馴鹿的肩胛骨為材料，用火灼燒骨頭使破裂，然後把裂痕的徵象當作神的指示去決定他們出去打獵的方向。Moore 認為用骨卜以決定打獵方向的辦法，在短期間內也許不能對那斯卡比人有明顯的幫助，因為真正獵獲的機會並不能由占卜來找出的，但是從長久的期間來說，骨卜卻產生一種隨機的作用，使那斯卡比人出獵時不至於一直不斷地往同一方向的地方去打獵，而是相當隨機地在不同方向打獵，這樣的隨機作用就免去他們一直在某方向打獵會使野獸獵盡而不得機會再繁殖的危險。因此從長期的眼光看，骨卜的隨機作用免去野獸被過分捕捉的可能，也使那斯卡比人與自然界維持一種巧妙的均衡。

　　前面所舉的例子都屬原始民族的占卜，也許有人以為原始民族依賴占卜較為明顯，在文明民族中占卜的重要性就大為降低了。這樣的想法也許在某一程度內是對的，但是也並不盡然。下面要舉的例子是一個文明社會的例子，這是發生在美國西南部新墨西哥的事。新墨西哥州大都是沙漠地帶，氣候乾旱，水分極缺。當地居民除去印第安人外，尚有不少在十九世紀末從美國東部移民而來的墾荒者，他們來到荒涼的西部，憑他們的開拓精神與自然奮鬥，他們在沙漠裡種植玉米，自然面臨最大的問題是如何得到灌溉的水。他們解決這一困境的辦法是開鑿深水井，有時一開幾百尺然後才能得到地下水的灌溉，但是地

下水並不固定,有時開鑿再深也沒有見到水,因此在這些西部開拓者之中盛行一種卜水井的辦法。這是很簡單地採一人形的柳枝,然後手執兩叉並用力向內壓,卜者一面執柳枝一面在要開鑿水井的地面上走,柳枝因受到兩手的壓力,當走到一段路時其向上的枝頭就容易向下落而指向地上,占卜的人看到柳枝頭向下落時,就認為這是開鑿水井的地點,於是動工開鑿。根據人類學家 Evon Vogt 的研究,利用柳枝卜水的方法實際上是不甚有效的,例如他搜集用占卜開井及不用占卜開井例子作比較,前者有 1753 個例,後者有 1675 個例,但是前者成功的百分比只有 70% 左右,後者成功的例子佔 84%,可見用占卜的方法開井並不比不占卜有效。但是 Vogt 先生研究,用占卜開水井雖不真正有效,可是仍有較多的人行柳枝卜水的方法,並且有很多占卜的人都是受相當高深的教育的。Vogt 先生解釋為什麼在這樣科技發展的社會裡,仍然會有這種近乎迷信的現象存在呢?他認為在新墨西哥沙漠上開水井實是很困難的事,雖然上舉有 70% 至 80% 開井成功,但是其成功出水的深度卻未算在內,出水的深度有時要好幾百呎才能達到地下水,稍無耐心的人即會半途而廢,所以開井是否成功就成為這些農民心中最大憂慮的事,而柳枝卜水實是藉以彌補消除這種憂慮的方法。但是 Vogt 先生認為消除憂慮也許在非知識分子中有作用,卻未必在知識分子中發生功效,由此他再進一步探討,認為柳枝卜水的存在最初或是由於可以消除心理憂慮的作用,但是行之已久卻又被一種社會價值觀所支持,於是就更盛行起來。這種社會價值觀

就是西部開拓移民的依靠自己不依賴別人的精神。柳枝卜水的方法是完全由自己可做到的辦法,而不必求之他人。雖然這一方法並不覺得有效,但總是由自己決定,自己決定的事由自己負責,這正是開拓者精神之所在,由於這一精神之所在,占卜的辦法就藉這精神的支持而流行下去了。Vogt 先生這一理論實有其重要性,因為一個民族基本價值所在之處,經常會被特別誇大、珍重而固守之唯恐不及,所以即使遇到不理性的挑戰時,也不易被放棄,這一點在解釋我國的占卜時實有重要的意義。

總結而言,占卜在各民族中雖發揮了不同的作用,但從上文所舉的例子,我們仍可綜合幾點基本的功能:

一、占卜和其他超自然行為一樣,在最基礎的層次上是幫助人們消除疑惑和因疑惑所引起的憂慮不安,使人們在許多可能的途徑上選擇應該行動的方法,並且肯定地行動而不至於後悔。果敢的行動總比猶豫未定而不採取任何行動要好得多,當然果敢的行動是否值得仍要看其有效的程度如何,可是什麼是真正有效呢?照那斯卡比印第安人打獵的例子來看,占卜的機運不能立即幫助他們多獲獵物,卻能有效地保證他們較長期地獲得獵物的來源!

二、從社會的層次上論,占卜的社會功能最為明顯,占卜有時發揮了社會制裁的功能,維持社會秩序的安定,不但維持社會的安定,而且支持社會既有的制度,使社會既有的制度更能為成員所認可與尊重。從另一方面說,占卜是用來作為統合成員間不同意見而使之趨於一致的一種好方法,而在伊波人的例子中,

它又是整合不同群體的一種有效工具。

三、占卜的方法如與社會的基礎價值觀念相結合而得到價值觀的支持，則占卜將更強固地存在於社會之中。得到基礎價值觀念支持的占卜經常會演變超過原有的形式，固然一方面可滿足了心理與社會的一般需要，但是另一方面又可能會跨越超過其應有的範圍，而形成社會的負面功能。我們在臺灣當前所看到的，就是在急遽的社會變遷下，原有占卜的手段，又結合了傳統宇宙觀中協調時空和諧的觀念，因而發展出急功近利而巫術性極強的占卜文化，這實是社會精英份子所不能忽視的現象。

中國占卜發展的源流

關於我國占卜的源流及其演變，前此已有不少學者做過相當詳盡的研究，故本節的目的並不是要對占卜的源流再加析論，而是要從世界上各民族不同占卜意義的分析中，試對我國占卜的若干特性加以檢討。在說明這些特性之前，應先就占卜的演變作一扼要的敘述。

（一）甲骨卜

目前我們所知道的最早占卜方法是骨卜，骨卜在殷商一代發展到最高峰，但是骨卜的較早型卻可推至黑陶時代，例如山東城子崖的遺址就有骨卜遺物出土。城子崖的骨卜都是用牛胛骨和鹿胛骨，也沒有刻上卜辭，這是與殷商的占卜最不同的地

方,但是這一骨卜的文化卻與環北太平洋亞洲東北部及美洲北部的骨卜甚為相似,故應與這一文化圈有相當的淵源關係。

　　殷代的占卜以龜甲卜為其特色,卜時主要是觀察用火灼燒後所裂成的卜字形兆痕的變化而定吉凶。卜字形兆痕包括垂直的縱兆及與之相交的橫兆兩坼,這縱橫兩兆相交產生角度的變化實在很有限,要從這有限角度的變化來分析吉凶的標準似甚容易,但實際上卻甚複雜。張秉權先生曾就殷墟所見材料企圖理出卜兆與吉凶間關係的標準,他所採用的卜兆「標本」雖很完整,但是仍未能找出這兩因素之間關係的較肯定結論,所以他說:「證明占卜吉凶的審定,除了卜兆的角度之外,可能還有其他的因素,那些因素是些什麼,在遺物上已無痕跡可尋。」我想張先生所說的有其他因素存在是很有道理的。研究殷契的人都知道,殷人卜問一事經常做數次的占卜,而且反覆顛倒詢問以求數次卜兆的一致性。在這種情形下主持占卜的「貞人」便有相當程度操縱的可能,我想大概是由於貞人可以在正反兩面作反覆詢問的操縱,所以使卜兆與吉凶的判斷很難有絕對的標準顯示出來。我們如回想前節所舉阿桑德人讓雞吃番木鼈毒粉的卜例,就可以對殷人骨卜的情形有更進一步的瞭解。阿桑德人行雞卜時要用兩隻雞先後占卜,卜問時主持的年長者可以迂迴反覆詢問,然後求取一致的結果,所以主持占卜的年長者在占卜中實有很大的機會來左右其徵兆的解釋。實際上如上文所述,阿桑德人的雞卜其年長者藉占卜以支持其地位與權力,而占卜也因年長者的主持增加其權威性,其目的是在於取信於

群體並統合全體成員的意見使趨一致。從阿桑德人的例子看來，殷人的龜卜在一卜二卜至四、五次卜的過程上，貞人無疑有左右的權力，而國王則可在許多國家事務上藉貞人的占卜以統合歧見、推行政令，這無疑是為團體所施行的占卜經常要發揮的最主要功能。

（二）卦籤

周繼商興起，周代盛行的占卜方法是蓍筮，就是以一種多年生的蓍草草枝來作卜。從前一般的意見都認為商代為東方的文化，周則代表西方的文化，其發源地不同，文化形式也各異，所以連占卜方法也都不同。其實這樣的分別是無意義的，現代考古學的資料證明商周兩代的文化實是一個文化的兩個階段，而非兩個不同的文化。在占卜上，周代初年雖已行筮，但骨卜仍存在，而且骨卜的權威性似較受尊重。同時，蓍筮及其所根據卦辭的一些基本法則都源之於甲骨卜，所以周代的筮卦占卜可以看作是繼骨卜之後出現的一種適應當時社會需要的較複雜但在手續上卻較平民化而簡便的卜法。

周人取蓍草為筮的卜法，最初應該與其他民族利用植物枝葉以擲卜的形式無大差別，但是後來加上了兩個因素，遂發展成為複雜的筮卦。這兩個因素一方面是星象術及其所代表的宇宙運行觀念，另一方面則是我國文字藝術的特色，由於這兩個因素的導入遂有周易卦辭的出現，而大部分的占筮就根據周易中各卦固定的爻辭來定休咎。占卜的形式發展到此有固定的爻

辭以解釋徵兆,則占卜主持者所能左右的已不是卜兆本身的解釋而是文字詮釋的變化,這種情形不但較能適應周代社會的複雜人際關係的需要,而且藉文字的形式發揮了占卜更高的象徵功能。

筮卦的另一形式發展是較後代的籤詩,據容肇祖在上引文的探討認為籤詩可能出現於五代末期,到了宋代就相當流行,而其形式一直流傳到現代,已成為各種廟宇中最通行的占卜方法之一。容氏曾搜集現行的籤詩,認為籤詩的內容卜吉凶以中等最多,上吉次之,下籤最少,例如最通行的關帝籤及觀音籤一百籤,中、上、下之比約為三、二、一,其他籤詩也有上吉較多,但中等籤總佔主要數字,從這裡可以看出籤詩內容的特色,一方面在安慰滿足求卜者的心理,另一方面則表現模稜兩可的詩句,所以中上的籤最多。由於籤詩內容較多模稜兩可的涵義並用詩的形式表現出來,所以對知識分子來說,就形成對籤詩內容把玩推敲的風氣,有時變成是一種藝術的活動,而不完全是占卜的舉動了。至於對非知識分子而言,他們依賴認識文字的人代為解釋籤詩的內容,因此他們對籤詩占得結果的信任,已不僅是對神的信心,而是同時把對文字及知識分子的尊敬都加添進去了。

(三)體相

商代的骨卜大都是為王室或邦國而做的占卜,蓍筮的興起在初期也是為群體而卜,只有到春秋戰國時代,為個人而行的

筮卦才逐漸盛行，也就在同一時期，體相之術才開始出現。體相是純粹為個人而行的占卜，因為它是根據個人身體的特徵而作各種解釋的占卜。

我國古代的體相之所以開始於春秋戰國時代是有其必然的社會因素的，在春秋以前，中國的社會是一個封建社會，社會流動率極低，個人地位的獲得全是歸屬性的，而非依其能力成就而來的。春秋以後，隨著封建的瀕於解體，社會流動逐漸增大，個人地位也大為抬頭，也就是所謂百家爭鳴的時代，個人可以由於自己的能力，不必借重出身，就可以得到諸侯的賞識成為公卿，所以在此時期中開始從個人的特徵企圖找出命運的指標，這是很自然的發展。但是戰國以後，自秦漢至唐，體相的技術卻一直未有大開展，而實際上在漢唐二代體相之術要遠較戰國時代為沉寂，這顯然是因為漢唐二代的社會仍屬相當封閉性社會，階級制度仍甚嚴格，所以社會流動極有限，即使科舉制度已存在，但也都重於薦舉，世家大族之子弟仍具有絕對優勢於仕途，依賴個人成就而為社會認可的機會較少，這是體相在這一時期較沉寂的基本原因。體相在我國的重新盛行並變為極普遍是始於宋代。很顯然宋代在經濟、社會、技術以及思想上都是具有很大變化與開展的時代，特別是城市與工商貿易的發達，促成商人與中產階級勢力的壯大最為明顯。另一方面宋代的科舉已是相當開放的選拔制度，所以社會流動率極高，個人地位與成就也就普遍被承認了，這是以個人為對象的體相成為最流行的占卜之基本因素。在宋代更由於印刷術的發明，

所以我國體相最重要的著作也都是在此時期完成,這包括陳摶的《麻衣神相》,以及陳摶所集後為明代袁柳庄所改編的《神相全篇》等書。

(四)算命

就如我們在廿三章中所說的,傳統中國人的宇宙觀與基本價值觀之一是尋求與自然的和諧與均衡,而其中尋求與自然的時間和諧均衡尤為重要,而這種時間和諧均衡觀念最具體的表現,就是「算命」。我國算命之術的傳統起源甚早,戰國時代的鬼谷子一向是被推為祖師爺,漢代的王充鼓吹五行之說,算命術的基本因素得以擴充。可是真正把中國算命術系統化的應是唐朝的李靈中與五代的徐子平,他們建立了干支、四柱與八字的算命方法,所以後來算命術也就被稱為「子平之術」。其後到了宋代,因為工商業發達,社會流動快速,個人地位提高,所以算命術大為流行,很多重要著作都在此時期出版。就如我們在前節所述,中國算命的基礎原理是追求個人時間與自然空間的合理配合,其間個人的時間是以他出生的年、月、日、時間點各以一個干(甲、乙、丙　　)、支(子、丑、寅　　)數字為代表,這樣就形成所謂「四柱」,而每一柱各有干和支二字,四柱合計為八字,所以一般人就稱為「八字」。最原始的算命術就是以個人的「四柱」、「八字」與自然時間配合推算而行,後來又加上「五行」的因素進去。所謂「五行」,就是金、木、水、火、土五種元素,這五種元素各有其本身的特

性，再加上又與四時、五方、五色、五音等的配合，所以其變數就非常複雜，其演算也就變化多端，而古來的術數家就是在這複雜而變化多端的因素下，不斷地在尋求「人」與「天」之間和諧與不和諧的軌跡。下面列出一個天干地支與五行、五方、四季相關表，以便於瞭解「八字」與「五行」的關係。

五行	所旺的四季	所主的方位	天干	地支
木	春	東	甲乙	寅卯辰
火	夏	南	丙丁	巳午未
金	秋	西	庚辛	申酉戌
水	冬	北	壬癸	亥子丑
土	旺於四季	中	戊己	辰戌丑未

中國占卜的特色

一、從人與神的溝通方法上論，我國古代的占卜都以人為操作方法求得徵兆為主，這包括骨卜、盤卦、擲筊等。在古代雖也有星象術的出現，如所謂陰陽家等即是，但這種觀察自然訊息的占術不久仍被筮卦之術所兼併，僅成為人為操作占卜的附屬理論而已。即使後來體相術的流行，可以說是著重於自然徵兆的一種占卜，但一般在體相之後經常附有許多人為的方法企圖改變既有的自然現象，這似乎仍有相當人為操作的觀念存在。換而言之，從溝通的原則而言，中國人與超自然溝通的方式實較著重於人為操作的方面，而不注重被動地觀察自然的訊息，這也就是表現中國人在與超自然交往都偏向於人為操作的

特點,這一特性與前所述許多巫術性行為可以說源自同一內在原則。

　　二、因為文字因素的導入,我國的占卜已發展成為一種獨特式的占卜,這在世界上其他民族中都無法找到這樣形式的發展。前文曾述及美國新墨西哥墾荒移民的卜井,Vogt先生認為卜井是因為「不依賴他人」價值觀的強力支持而得以殘存,這種因價值觀的支持而得以鞏固的占卜,在一種程度上也許可與我國文字與占卜的結合有「對等功能」(functional equivalent)之意義。商代的骨卜僅藉文字為記錄,但已開文字導入占卜的先河,到了周代的筮卦,已有固定的爻辭為準,周易以及其後的連山、歸藏、太玄、易緯都是此類占卦的定辭,每一卦都利用文字以解釋意義,因此解兆的對象已從兆本身轉移到文字上去了,於是文字及其藝術形式的表達不但影響了占卜本身,而且有喧賓奪主的趨勢。這一情況在後期的籤詩占卜上可以看得更為明顯,籤詩不但用文字表達,而且加上了較通俗的形式,因此其解釋可以因象徵意涵的不同而有很大的變化,知識分子也就經常一卜再卜以領悟體會其義,到此他們甚至忘了占卜的本意,而是在把玩文字的藝術了。至於非知識分子一般更是視文字為神聖,所以占卜的結果用文字來表達,使其虔敬信仰的心理已不僅是對超自然而已,而是濃厚地帶上文字的魔力了。其中尤以「拆字」形式的卜法最能表現此一特點。這種以文字及其藝術形式與占卜的結合,確使我國的若干占卜方法超越了占卜的本義,而成為人類占卜形式中最特出的一種。

三、中國式的命算，把「四柱」、「八字」干支的時間因素與「陰陽」、「五行」的實質構成因素相互配合，所發展出來的系統，形成一種最複雜，甚至可說發展最高形式的演算術，而經過近二千年來的演變，已經發展到近乎哲學的狀態，其間所表現的與自然系統的時間空間，以至於個體存在及社會群體所尋求的和諧均衡原則，所傳達的傳統中國宇宙觀以及基礎價值觀也最為鮮明。但是較不幸的，在變遷快速的時代裡，這種原本尋求和諧均衡的「文化指令」，卻因功利現實風氣的誘引，而變得非常巫術迷信趨向，偏離了作為人生詮釋指引的哲學大道。

第廿七章 童乩抑神棍？

我們在前章說到人類的占卜行為有三大類：自然訊息的觀察、操作法術以求神示、籍人之口以傳達神諭。我們在前章中已將前二種占卜方式加以探討，這一章將以第三類為對象來討論。

全世界許多民族都有藉人之口以傳達神諭的占卜方式，一般信仰者都認為這是神附在人身上，藉附身的人之口以傳達神的意旨或訊息。在宗教學中這類傳達神諭的人被稱為「神媒」（spirit medium），也常被稱為「薩滿」（shaman），因為神媒的現象在亞洲東北角古亞洲系統的通古斯人最為普遍，通古斯人稱神媒為 shaman，後來 shaman 就成為神媒的通稱。

我國民間信仰中神媒常扮演重要的角色，在北方稱神媒為「跳大神」，南方則流行「童乩」的名稱，在臺灣童乩尤為普遍，幾乎是大家都知道的事，所以我們這一章就是以童乩為中心來討論神媒的現象。

童乩是什麼？

我國南方各省，包括福建、廣東、臺灣以及東南亞各地華僑社會中，向來流行一些替神靈說話或宣達神意的宗教活動。在閩南語的系統中替神靈宣示意旨的人大致可分為三類：（一）

童乩：用語言宣示神意者；（二）扶乩：在沙盤上寫字宣示神意者；（三）尪姨：替人找亡魂說話者。

「乩」是卜問的意思，而在古時候大致做乩的都是年輕人，所以稱為童乩或乩童。一般相信神可以附在乩童身上並藉他的口說話，所以又稱為跳神或神媒。替神說話的神媒並不是我國所特有的宗教現象，而是很多文明或原始的宗教都常見的，若干基督教派中也有神媒的活動。

臺灣的童乩有男的也有女的，但是男童乩遠較女童乩為多。通常每一個童乩都認定一個神為「主人」，也就是會「降附」於他身上的神，有些童乩也可以有二個或三個守護神。童乩作法大半都在廟裡，也有些童乩是在自己的家中作法，如此則在廳堂裡供奉他所拜的神。一般說來，童乩所拜的都是一些神格較低的神，如各種王爺（瘟神）、哪吒太子、保生大帝、開漳聖王、三山國王、呂仙祖等等。

童乩的作法普通可分為私人與團體儀式兩類。私人作法是應村民或附近居民的邀請為之治病驅鬼，也有請求解決疑難、問運途吉凶，甚至於求財、找失物等等都有。團體的儀式則是在廟神誕辰或村中賽會時舉行，這時童乩則扮演甚為戲劇性的角色，經常用刀劍或釘球砍打自己，以至於流血滿背；有些則用鐵筋鑽通兩頰或用刀割舌，更有本事的甚至於爬刀梯，在南洋各地，更有睡刀床或釘床之舉。總之，在團體儀式中童乩藉這些「特技」的表演以顯示其有神力的護守，一面用以令觀眾信服，一面增加儀式的神異氣氛。

第廿七章　童乩抑神棍？　│ 223 │

　　童乩作法時最主要的特徵是進入精神恍惚（trance）的狀態，也就是認為是神附在他身體上了。作法開始時，童乩坐在神壇前面，其助手（俗稱為桌頭）則點香燒紙錢，有的則擊鼓敲鑼，表示迎神之意。一會兒坐在神壇前的童乩開始一連串地打呵欠，漸漸地他的身體顫動起來，有時全身顫起跳離座椅，經過三兩分鐘之後，忽然他急遽地跳到神案前方，這時就認為神已降臨附體，童乩的助手就點上香，在壇前把香交給童乩並行「迎神之舞」，舞畢，求醫的病人就可以開始諮問了。通常問答之時，助手在一旁協助，特別是「宣示神諭」之時，都經助手「翻譯」，童乩說話時都模仿他的主神的性格而發音，如哪吒太子則聲音細小，王爺則聲音粗暴，說的話並非真正不可懂，而是把有意義的話夾雜在無意義的語頭語尾之中，不懂得其竅門的自然要有人翻譯了。童乩治病通常給病人香灰符咒，有時也開點草藥，同時也說明致病原因，較複雜的並指示病人回家作各種措施。

是不是真有神附體？

　　童乩作法治病最關鍵的問題是他認為有神降臨附在他身上，他所說的話並非他自己的話，而是神藉他的口以示意。因此問題的重心是在於是不是真有神附體？從科學的立場而言，童乩作法時的精神現象是一種習慣性的「人格解離」（Personality dissociation），在這一精神狀態下，童乩本人平常的「人格」暫時解離或處於壓制的狀態而不活動，並為另一個「人格」所代

替，這另一人格也就是他所熟識的神的性格，因此並非真正是神降附在他身上的！

　　人類精神狀態差距的幅度相當大，大部分正常的人精神與行動都具整體性，但是有一些人的精神則不是很穩定的，而很容易接受刺激或暗示即產生人格與精神意識的變化。這種精神不穩定的人在受到刺激與暗示時，其中樞神經對內外資料與訊息處理的方法，暫時失去以往的統一整合性，對思想及所表現的行動以及器官感覺的輸入都行高度的選擇性與壓制性，因此有人格解離與不同程度意識上的改變，同時在很短的時間內分離的狀態也隨時可復原。童乩作法時進入精神恍惚或狂奮（ecstasy）的狀態就是同一類的精神解離。童乩在作法開始時其助手的點香燒紙錢都是一種暗示，擊鼓敲鑼則更是一種刺激，他自己的打呵欠顫動在開始時也是一種自我暗示；作法經驗多的童乩則已成為習慣性的動作，任何刺激與暗示即可引起他進入失神狀態。在開始時其本身的意識逐漸減弱，自我的活動漸緩慢，生理上則血糖快速降低，終至於人格完全解離，在此時他的感官會產生各種幻覺，而在行動與語言上為另一種平常他仰慕而熟識的性格所代替，並扮演那個角色了。

　　另一種與精神恍惚狀態相關的現象是「舌語」，英文稱為 glossolalia 或 talking-in-tougues。所謂舌語是指一個人在精神恍惚或人格解離時能講出一種他平常不懂的語言，但當精神恢復正常後，他又不記得講了什麼了。這種舌語的現象在全世界各地都可以看得到，種類也很多，古代若干基督教派也常見有這

種舌語。一個人在特別精神狀態下，忽然會講他平常不懂的外國語或其他特殊語言，確是非常奇怪，所以被認為是神附在他身上說話。其實這種現象照樣也可以從生理及心理的反應得到解釋。凡是易於進入精神恍惚的人，其生理與心理構造多少都有異於常人：當一個人意識暫停活動之時，亦即其正常控制中樞神經的活動有異於平常，此時在特定狀態下會產生另一種原始的反應，也就是說話的器官完全受反射中心的控制，而把一些平時儲存在下意識中的語音發出來，嘴巴的活動完全是自行動作，他個人則毫無所知，所以說出來的話他自己在正常情況下也聽不懂。自然這種下意識情況下所能說的語言並非他完全未聽過的語言，而是他容易接觸到的語言，雖然接觸但並不真正學習它，而是經由下意識儲存下來或無意地模仿下來，等到自己意識活動停止時，無意識模仿的部分就脫口而出了，這種非意識的活動，又可以進一步說明童乩在精神恍惚時為什麼忽然會變成別一個人的聲音而說出古怪的話，同時也可說明為什麼「扶乩」的「乩手」可能識字不多，卻會在恍惚時寫出不少的詩句。

再說童乩在進入精神恍惚之時，其末梢神經的感覺和傳遞都減弱，因此身體上即使有皮肉的割傷，也不會有很疼痛的感覺，這也就是童乩作法時敢用刀劍砍背、鐵筋穿頰的緣故，外表看來也許極為神奇，但用生理與心理的原則來說明就可以很瞭然了。

童乩真能治病嗎？

假如童乩不是真的有神附在他身上，那麼他是不是真的會為人治病？假如他不是真的會為人治病，為什麼會有很多人相信他呢？這是讀了前文之後有些人一定要問的問題。

的確，在臺灣的鄉間幾乎大部分的村廟都有童乩或扶乩存在，即使在現代化教育至為普遍的臺北市，據估計仍有七百多座神壇附有各種不同替神說話的人。為什麼在這麼現代化的城市裡仍會有如此多的「迷信」場所呢？要回答這些問題只有從社會文化以及心理的層次去尋求。

我和我的同事們曾經長期觀察和研究三個為人治病解難的童乩，他們的「生意」都很好，比方說有一位在臺灣中部的童乩，他是以「保生大帝」為主神的童乩，在民國60年11月的一個月中共有220個病人「求診」。這些「病人」通常都是一些患有慢性疾病、平常小毛病以及精神病的人，很少有嚴重或緊急的疾病。而且很多「病人」中還有包括以一個人生病為代表的「家宅不平安」、「運途欠佳」的情況，更有一些是家庭糾紛、子女出走、親戚鄰居失和等等的事。從這裡我們首先可以體會到所謂疾病在觀念上的差別，童乩觀念上的疾病是屬於整體性的，與人際關係有密切關聯的，這與現代醫學所著重的生理的、個體的疾病是頗有不同的，由於這種觀念上的差異，自然會產生不同意義的治療效果。

如前文所述，童乩在治療時通常給病人香灰符咒，有時也

開一些簡單的草藥,但是很重要的是他經常對病人解釋為什麼致病的原因。這些解釋疾病的原因都是屬於超自然性質和人與人之間的權利義務的範圍,換而言之,都是屬於傳統民俗信仰及人際關係的解釋。在上述我所研究童乩的 220 個病例中,童乩對病人解釋致病的原因可分為以下幾種類別:

1. 死去親屬的鬼魂作祟(如沒有按期拜祭、沒有照生前囑咐分財產、沒有為她或他立後嗣等等)54 例,佔 27%。
2. 風水問題引起麻煩 73 例,佔 36%。
3. 非親屬鬼魂作祟 29 例,佔 14%。
4. 被人做巫術 6 例,佔 3%。
5. 八字不對 37 例,佔 18%。
6. 其他 3 例,佔 2%。

共計 202 例(另有 18 例無解釋,多屬小毛病)

童乩除去向病人解釋如上的致病原因外,又會囑咐病人或病人的家屬應如何如何去做以便化解鬼魂之怒,由此可見童乩的治病是依賴民俗信仰以及傳統的人際關係規範,並以之作為後盾向他的病人解釋致病之因。而具有同樣信仰的人聽了這些解釋自然容易信服,再加上依照童乩的囑咐履行一些被認為未盡責做到的義務,因而心理上就解脫了很多,心理上的壓力解脫了,病自然就容易痊癒;何況如前面所說,找童乩治病的都是一些慢性疾病或精神疾病,更有許多是牽涉到整個家庭親族關係而引起的毛病,這些情形最能自心理上的解脫而霍然病除的。所以在這一層次上,童乩的治病實在有如現代的精神治療

者對精神患者的治療：現代的醫生以科學為後盾，在他行醫之時患者對他已先有了信心，因此頗能加速其效果，甚而有藥未到而病先除之勢；傳統的治療者雖未有現代醫生的訓練，但他卻以整個文化傳統與信仰體系為後盾，因此對生活在同樣信仰體系的鄉民們也能產生很有力的解脫和穩定作用。在這裡與我們前文所說的追求不同層次的和諧均衡價值觀，正發生了很大的作用。

再進一步說，童乩的治病還有一項與現代醫生不同之處，那就是現代醫生在治病時，他只能告訴病人是什麼細菌或什麼生理原因產生這種病，而無法解釋為什麼是你生這種病而不是別人生這病。可是童乩的治病照上文所說他解釋致病之因的情形來看，他雖不能很信服地說出病理，卻能很清楚地向病人解釋為什麼是你而不是他人生病的原因，這種解釋對於一個痛苦憂慮的病人無疑產生很大的作用，這是童乩最能吸引人的因素所在，這也說明很多鄉下人為什麼一面找西醫一面也去拜神問童乩的原因，這兩種治療者是在不同的層次上發生作用的啊！

自然我無意要強調童乩和西醫有同樣的醫療效果，童乩可以在一些牽涉心理、精神方面的病症產生作用，但他對大部分的生理疾病是無能為力的，童乩真正能治好病的情形實在是很有限的，可是為什麼仍有很多人去求他呢？這就要回到人類心理層次的解釋去了。科學的實驗每每告訴我們人類的記憶有很大的選擇性，他總是把自己喜歡的或有利的事牢記起來，而忘掉一些相反的事。童乩治病如前所述確能發生若干作用，而那

些被治好的例子就一直被宣揚作為有力的證據，但實際上在那些被宣揚的例子之後恐怕有更多沒治好的例子完全被遺忘了。

什麼人去作童乩？

在談了這許多童乩治病的事之後，也許有人要問童乩是怎麼來的？這問題也是很值得說明的。我們在前面已說過，童乩這一類現象通稱為神媒或薩滿，薩滿一詞是來自通古斯族，實際上通古斯族是出產神媒的正宗，最典型的神媒正是來自這一東北亞洲的民族。在通古斯族中假如有一個少年人很早出現精神萎靡多病、常會昏睡做幻夢的情形，即認為是神指定他做薩滿的象徵，他的家人就要特別保護他，並送到老薩滿那裡去學習，過了一段時間之後，他自己就可以成為薩滿為人治病了。

從很多不同民族的比較，我們瞭解最早神媒的形式，應該就是這種先天性具有精神異常狀態的人，他們因為精神易於進入恍惚或狂奮狀態，並且易於幻夢，所以認為是神所託請的人，可以在神與人之間作溝通，並為人服務。一旦在社會中神媒被大家所認可，並成為社會所賴以治病解難的人，慢慢地這就會成為文化的一部分，這一文化也就對其他成員構成一種暗示或鼓勵，因此產生更多會精神恍惚的人來。我在馬來西亞、新加坡華僑社會做研究時，常常看到大廟會之時，童乩正在大行其法，廟外有些四、五歲的孩童們也會忽然「跳」起來，和大人一樣進入精神恍惚的狀態，這就是文化暗示的作用，這些孩童

後來就成為童乩的候選人，而為什麼用童乩的「童」字，在這裡就更為清楚了。

但是一個社會中假如缺少有先天精神異常的人，而後天的文化暗示又產生不出乩「童」來時，這就要用訓練的辦法來造成了。在這一情況下通常由神來挑選一些候選人，經過感官刺激剝奪的方法訓練他們如何進入精神恍惚的狀態，這就是鬧成人命之「坐禁」或「守禁」存在的原因。坐禁在黑暗的房子裡又不吃東西，這是視覺與食物的剝奪，很容易導引進入精神恍惚的，但有時也會發生危險，幾年前南投受天宮因為訓練年輕的童乩，在坐禁時竟有三個「受訓」者被悶死，即是這原因而出現的悲劇。

前述三種產生神媒或童乩的方法，可以分別稱為先天的、文化的和社會的三種，在一個有長久歷史的社會中，經常是三種方法並存的。我們前面敘述的臺灣中部的那一位童乩，在他年輕時就是一個精神不太正常的人，後來有人介紹他到保生大帝廟去醫治，漸漸地他自己也成為童乩了，這是靠近第一種方式的例子。前臺大精神神經科醫師、現任夏威夷大學精神醫學教授曾炆煋先生，曾在臺灣南部及北部研究若干童乩的個例，其中有一位事前完全未出現精神異常狀態，但因為家庭因素的影響，逐漸走上當童乩的路。另一位是女性，她雖有性格上的若干特殊點，但未表現出異常，後來也是因種種環境的壓力，變成了可以「跳」三種神的女童乩。這兩種例子可說是文化所造成的。至於受天宮坐禁的那幾個童乩，照報導看來則很明顯

是要經由第三種方式訓練而成的。

不論是因什麼方式而產生的，臺灣和東南亞各地的童乩大都沒有受過較高的教育，他們的社會地位也不很高，除去在作法時，都不受人特別尊重。在正常情形下，童乩作完法都由病人自動奉獻一點錢作為報酬，很少有爭酬金的事發生。大部分的童乩自己也相信他的法術，但是也有少部分是存心騙人的。

對童乩現象應持的態度

從上面的這些分析，我們對童乩的問題已有了基本的瞭解，所剩下的是關心社會進步的人以及行政人員所要問的：如何處理童乩的問題。前文我已說得很清楚，童乩是一種特殊精神狀態而不是真有神降附於他身上，因此對若干人來說，這種活動就是迷信，應該立即禁絕才行。從某一層次上說，這種「絕對理性」與「純科學」的看法是對的，但是處理社會現象，特別是有關信仰的問題，卻不是能如此直截了當就做的事。社會科學家與行政人員經常忽略了，處理一個問題與處理該問題有關的人之間是頗有差別的。

童乩雖不是真能靠神的力量來治病，但是它卻對若干人的身心產生穩定和解脫的作用，而且不必諱言在全省各地也有相當數目的人相信這一套，所以在沒有更「合理」的方法可以供給他們心理與精神的憑藉之前，要禁絕童乩等民俗宗教活動所引起的社會問題，恐怕要比童乩本身的問題更為嚴重，這是處

理童乩問題特別要認清的事。我們認為對這些與童乩有關的種種信仰與活動，除去那些明顯發生傷風敗俗、斂財欺騙以及藉宗教為名而行其他不正當活動者應予管束外，我們只能把它看作是傳統的民俗宗教儀式行為，而對於民俗宗教儀式行為的處理只有經由教育與導引的方法，才是治本而不致引起不良後果的辦法。

教育是一切不理性行為的剋星，因此也是破除迷信最積極的辦法，目前本省的教育已在我們社會的各階層中日益普遍，這將使種種巫術性活動從宗教生活的領域裡逐步減除，但是最可憂的是反教育力量的增大，這不但使教育的效果大打折扣，而且助長巫術性活動的出現。我所說的反教育的力量包括兩方面，一方面指辦教育的人以至於政府官署仍然充滿迷信心態，一個校長上任不但要換一個「好風水」的辦公室，而且辦公桌也要擺成靠「山」面「水」的態勢，一個市長蒞新也要重修市府門前的噴水池等等，為人師表為民楷模尚且如此，我們怎能苛求鄉下老百姓不去問童乩呢？另一方面我所說的反教育力量是指充斥市場的「神機靈算」一類宣傳神異思想的書籍，這些書籍少自一版多至十幾版，而且流行於大、中學生的圈子裡，不但嚴重地危害社會的健康心態，而且使本來已屬殘存的許多巫術儀式活動自得到「理論」上的根據而重新活躍起來，這才是真正最使人憂慮之處。

在消極性的導引方面，我仍然要重提前此所呼籲的文化下鄉運動，假如我們不看輕它是鄉鄙俚俗，假如我們希望移風易

俗而使城鄉之間無文化的隔閡，那麼我們的文化機構就應該設法把這些民俗廟壇「納入體制」而妥加導引，一方面發揚民俗文化的特色，另一方面也要有不偏愛的心態，把民俗文化鄙陋迷信的成分藉機加以改進，導入正常的現代文化生活軌道，這才是有效的處理之道。對於一般人來說，瞭解占卜、算命、童乩的內在意義以後，也許有較合理的資訊對這些半宗教、半迷信的行為作判斷選擇。把宗教占卜的事看作是文化系統中的表達象徵部分，因此藉以表達安慰心理與情感則可，完全依賴之則是愚昧的行為，失去這種判斷，就是缺乏文化的修養了。

第廿八章 說儀式

　　人類的宗教領域中，經常包括兩個重要的範疇，一方面是對超自然存在以至於宇宙存在的信念假設部分，那就是信仰；另一方面則是表達甚而實踐這些信念的行動，那就是儀式。儀式是用以表達、實踐，以至於肯定信仰的行動，但是信仰又反過來加強儀式，使行動更富意義，所以信仰與儀式是宗教的一事兩面表現。我們在前數章中，較著重於信仰部分的描述，本章則是要對儀式方面加以探討。

　　上一章我們說到童乩的問題，相信神可以附在人身體上，藉人之口以傳達祂的諭旨，這是有關童乩的信仰。但是童乩要傳達神諭時，總是要有一個過程，開始時要作自我催眠，那就是點香、拜神，而他的助手（前面說的「桌頭」）則要有敲鑼、打鼓，或者念咒、燒金錢等行為，這便構成習慣性的催眠使進入「精神恍惚」的狀態，而旁邊則信徒們圍繞，凝視而期待著「神」的降臨，最後到一定的時間，童乩終於「跳」起來「入童」了，然後進行各種公眾的表演法術，或是私人諮詢治療行動等等，這些過程就是我們所說的「儀式」。童乩的儀式固然表達了人與神之間關係的信仰，同時也藉這儀式為信徒們服務，包括治病、解決困難，甚至於找人、尋失物等等，可是在許多時候，它的儀式卻是在肯定信徒們之間的權利義務，以及其相互間的角色關係，就如我們在祖宗崇拜一章中所說的，他們藉童乩的

話來決定牌位是否應設立，以代表家庭中世系的地位，這些看來像是副產品的事件，實際上卻是儀式最重要的功能所在，所以我們在前幾章中一直強調，宗教行為是一種表達文化，它用以表達人類心中的一些意念，但是實際上又藉這些表達的意念，倒過來肯定或合理化人際關係。

「儀式」一詞實際上來自英文的 ritual 一字，其原義是指「手段與目的並非直接相關的一套標準化行為」，也就是說儀式中所表現的行為經常是另有更深遠的目的或企圖的，這也就表明了其象徵性而非實用性的意義。也許我們可以這樣說：人類的行為大致可以分為三大類，其一是實用行為、其二是溝通行為，最後是宗教巫術行為。所謂實用行為就是做一件事有實際直接的效果者，就如我們舉起酒杯，喝下一口酒，其效果是滿足飲酒的慾望，實際上飲到酒了。至於溝通的行為，則是指行動的目的不一定在達成實際的效果，而其目的卻在與他人交往溝通，例如舉起酒杯向他人敬酒，其主要目的在向他人示敬，這就是一種溝通，至於是否真正把酒喝下，則屬次要，有時根本只是把酒杯向嘴邊一靠就算了，並未真正飲酒。再說宗教巫術行為，也是一種非實用目的行為，應該屬於溝通行為一類，只是其溝通對象不是人，而是超自然的神靈。我們舉起酒杯來，向神靈或祖先禱祝祈求，表示了我們的誠心；但自己並不真正喝下酒，所以並無實用意義，因之稱為宗教巫術行為。宗教巫術行為與溝通行為都屬無實用目的之象徵行為，所以一般都可合稱為儀式行為（ritual behavior）。三種行為的關係可列如下表：

人類行為類別 ┌ 實用行為（practical behavior）
　　　　　　├ 溝通行為（communication behavior）　　⎫
　　　　　　└ 宗教巫術行為（religio-magical behavior）⎬ 儀式行為（ritual behavior）
　　　　　　　　　　　　　　　　　　　　　　　　　　⎭

　　從上面的分析看來，儀式行為不一定限於宗教巫術的範圍，許多與他人溝通聯絡的行為，也應該屬於儀式行為，很多社交應酬的聚集，實際上也是一種儀式或典禮（ceremony），所以研究者也就把儀式分為兩類，一類稱為「世俗的儀式」（secular ritual），另一類則是「神聖的儀式」（sacred ritual）；前者即指與人的溝通，後者則是與神的溝通。

世俗儀式

　　最典型的世俗儀式就是生命禮儀或生命禮俗（ritual of life cycle），也就是為生、老、病、死所舉行的儀式，一般又稱為「通過儀式」（rites of passage），也就是幫助個人通過種種生命過程中的「關口」，使之在自己的心理上以及與他人的關係上能順利達成。此外，一個社會的歲時祭儀，大部分也應該屬於世俗的儀式，因為它與生命禮儀一樣都是較著重與人的關係上，不過生命禮儀是屬以個人為重心的儀式，而歲時祭儀則是以社群為對象的儀式。但不論生命禮儀或歲時祭儀，其行為都屬前面所說的是一套標準化的行為（standardized behavior），假如不成為一套標準化行為，也許就不能說是儀式行為了。

（一）生命禮儀

一個人從出生到死亡，其生命歷程總有許多不同的階段，包括出生、滿月、週歲、成年、結婚、生小孩、退休，以至於死亡等等。這些不同階段的經過，經常要引起個人心理與群體關係的轉變，每一階段所產生的轉變程度雖有不同，但都如「關口」一樣要設法通過，所以社會就經常設計了一套標準化的行動，幫助個人及其親屬，藉這些標準化的儀式，以順利通過關口。儀式中的種種行為，因為是標準化了，所以其行為本身只是一種象徵、一種符號，並沒有實際的意義，其意義埋藏在使個人得以順利通過生命關口的目的上。例如我們在第五章說到巴西亞馬遜河流域的印第安人中有所謂「產翁」的儀式，就是最典型的生命禮儀的一種。「產翁」儀式的種種行為，對別的民族的人來說真是不可思議，為什麼妻子生了小孩，自己不做月子，反而是丈夫替她做月子呢？但是瞭解儀式行為的特性後，也許就不會覺得那樣地不可思議了。做月子只是一種象徵行為，本身並沒有真正的意義，其目的卻是要藉這行為來幫助巴西的印第安男子容易通過「為人父」的階段，使之成為健全的有責任義務的社會中堅。他們實際上是藉做月子不能與他人接觸，要遵守許多禁忌的一段期間，象徵前此沒有子嗣的階段，可以因這段特殊「空白」的時間，而與以後有子嗣、有責任的階段隔開來，比喻一種新階段的開始。而在個人心理方面，也可藉這段期間預作準備，種種特別行為給予他深刻印象，牢記地位身分轉變的事實；同時也是一種心理的緩衝期，使能調適這種

新的轉變，等到一個月已過，大家快快樂樂、熱熱鬧鬧地為他飲宴慶祝，祝賀他進入一個人生新階段，成為一個新的人了，這就是生命禮儀的意義，也就是儀式的真正目的所在。

　　生命禮儀中除去結婚、死亡等儀式外，其中最重要的是成年禮的儀式，因為一個人從孩童的階段要進入成年的階段，其責任義務、行為標準都有很大的轉變。孩童時代是一個不須負責任而無憂無慮的時代，而成年人則是有重要的家庭、社會責任要肩負起來，其間差別是很大的，因此從孩童到成年的轉變非常激烈，沒有好好準備時，經常會發生心理與行為的不適應，這就是青少年不正當行為的根源。所以每一社會都或多或少會有一種設計以協助青少年度過這個關口，這也就是成年禮或成年儀式之所以非常普遍的原因，其目的就是要使他們的青少年安度關口成為社會正式成員，而其儀式則花樣繁複、多采多姿。

　　成年儀式的特色，我們不必求之太遠，本省的高山族各族，就有很繁複多采的成年禮。例如在北部的泰雅族中，他們的成年儀式就具備了儀式、教育、訓練等意義，通常在泰雅族的村落中，每年或隔年的春天，村落中的長老就會召集即將成年的少年們，聚集在一起參加儀式前的準備，他們通常被帶領到村外的小屋去，在那裡聚集一起而與家人隔絕，這種隔絕的生活要維持一兩個月之久，在那裡長老教給他們種種成年人應具備的技能，包括打獵、出草、部落傳統等等，但是更重要的是，長老們要為少年人刺黥，也就是紋身。泰雅人的男子紋身是在上額與下額，有時也在手臂上。紋身的方法是用鐵針先刺文，再塗予黑

灰，等到傷口好了以後，黑灰就留在皮膚裡而呈青黑色，所以一般也稱為刺青。刺青在當時是很危險的事，刺後兩三天內即開始感染灌膿，不僅腫得很大，而且疼痛發燒，甚至有生命危險，所以對少年人來說是很難忘的經驗，但是沒有人不刺青，因為不刺青就不能結婚，那等於是不成熟的表現。女孩子們也是一樣，到了一定年齡就由長老們的妻子召集為她們臉上刺青，否則是嫁不出去。青年們在隔離的小屋中住到紋身的傷口都癒合，各種訓練都完成後，再由長老帶回村落，於是村落中便舉行飲宴儀式，歡迎他們重新回到村落來，成為村落中成年的一員。這樣的儀式不但使青年人終身記得他已是成年的人，有他的責任義務，可以結婚生子，同時也具備前面我們所說的象徵舊階段的過去、新階段跟著來臨的意義，在村外小屋隔離的生活，正是象徵著新舊兩階段的隔絕，這與前面我們說「產翁」的故事時，做月子在家不與他人接觸的那一段「空白」時間，正有異曲同工之妙。人類的思維就是這樣奇妙，我們實際上並不可能把兩階段時間真正隔開，因為時間是永不停留間隔的，但是我們卻有象徵的本領，用人為的隔絕來代表階段的分開，使新的與舊的不再糾纏，因此給予心理上的準備與緩衝。

我們中國人對生命階段的轉變也一向極為重視，我們不僅古代的成年禮很隆重，其他如出生、滿月、週歲等等都有特殊的儀式，例如週歲時有所謂「抓週」的儀式，讓滿週歲的小孩在紅氈上爬，四周放了筆、算盤、剪刀、胭脂等等，看小孩去抓什麼東西，以便預測小孩的前途和興趣是什麼，這都是世俗

的生命禮儀。我國古代的成年禮，男孩稱為冠禮，女孩稱為及笄，也就是在孩童之時頭髮並不嚴格處理，但是到了成年之期，在舉行盛大的儀式之後，就要把頭髮整理起來，男孩要戴上冠，女孩要加上笄，這是用服飾不同的方式來提醒他們已是成年的身分，不可再像孩童一樣地不負責任了。其實我們傳統文化中仍有不少對通過生命關口的儀式設計，例如《禮記‧檀弓篇》有一段話說：

> 幼名、冠字、五十以伯仲，死諡。疏曰：冠字者，人年二十有為人父之道，朋友等類不可復呼其名，故冠而加字。年至五十，耆艾轉尊，又捨其二十之字，直以伯仲別之，至死而加諡。

這一段話的意義就是指古代用名字之別來辨識生命階段，小時候給予一個名，甚至有童名與學名之別，到了上學堂之時，身分已有不同，故另有學名。等到成年時，也就是加了冠了，就不用童名，而給予「字」，朋友都用字來稱呼他，自然也有提醒、尊重他已成年之意，這就是「字」或「別號」的來源。等到中年以後，也就是五十歲時，社會地位已尊，就不好再直稱他的「字」，而要加上伯仲等稱呼以示尊敬。然後要等到死後，再給予一個死後的名，那就是「諡」了。這就是我們傳統中對生命階段通過的另一種設計。

生命禮儀協助人順利通過人生的不同階段關口，給予人準

備、緩衝的機會，也教導進入階段應有的角色扮演，以及如何與他人相處，這是很有意義的設計。但是儀式本身，無論如何是一種象徵的手法，而象徵的手法要適時適地，古代的加冠方法在現代已失去其可行性，即使改變名稱的方法也不易在現代社會中推行，泰雅族的紋身刺青更不為現代人所接受，我們要讓現代青年人有一個合理的成年禮，使他們能夠藉儀式而有調整身心的機會，以便作一個現代社會的公民，恐怕要另有一套合理的設計，最少要符合現代環境之所需，而不是復古，更不是現代商業性的誇張與脫序，就如現代臺灣所看到的許多婚禮、喪禮一樣，不但商業氣氛非常濃，而且不時有脫衣淫晦的表演，脫離生命禮俗的原有意義愈來愈遠，對社會風氣也產生許多不良的後果。

(二) 歲時祭儀

生命禮儀是個人的通過儀式，歲時祭儀則是家庭、社區甚至整個國家的通過儀式；生命禮儀是以人的一生為週期，歲時祭儀則是一方面以一年時間為週期，另外一方面也以更長的社群發展階段為週期。以一年為週期的歲時祭儀包括新年、清明、端午、重陽、中秋、臘八、除夕等節日，每一節日各有其特殊的儀式活動，表現不同的象徵意義，但其目的都是希望藉節目的慶典，使一年的各階段順利通過。較長週期的社群儀式，更是要藉這些慶典活動，使社群進入更新更好的發展階段，尤其是在感覺到前此的階段中，社群如遇到什麼不吉利或不平安的事件，更是希望這霉氣的階段趕快過去，好的階段早日來臨，

而且不要與舊的階段有任何瓜葛。臺灣鄉村中常有的「做醮」儀式，就是典型的社群通過儀式。做醮的儀式可以是三年期、六年期，甚至可以長到六十年期，所以是典型的長週期儀式。做醮的目的就是在祈求舊的階段早日結束，整個社群期待迎接著新的平安階段之來臨。做醮儀式過程中有一項很重要節目，那就是在醮期開始之前，參與做醮的社區或村落全體的成員都要先有三天或五天的「齋戒期」，在齋戒期間內，不但參與的成員要禁食葷腥，要守很多禁忌，而且全社區的境域內都不准殺生，一直要等到主要儀式正式開始後，才能開齋解禁。這種禁食葷腥、遵守禁忌的齋戒期假如與前述的做月子、成年禮隔離期作比較，我們就可以發現它們之間有一共通的特色，那就是企圖用一段「空白」期間作為隔離，以便把過去的時間與即將來臨的新階段隔開來。作為「空白」期間的手段，可以是守在家裡「做月子」不與別人接觸，可以是在村外築小屋與村人隔離進行成年訓練，也可以用不殺生不食葷腥以表示社區與個人都清淨，可是不論如何，這都只是象徵的手法，象徵的手段各有不同，唯其目的則是相同的：企圖藉這種比喻的方式，希望過去的日子讓它過去，而未來的階段重新開始，不但個人有新責任的階段不與舊階段混淆，而社群的新階段也與舊階段分開，特別是希望舊階段中種種不平安不吉利的事，不再延續到新階段，這也就是做醮的儀式，平常都稱為「平安醮」的原因，那就是祈求新階段的「合境平安」。

其實這一類歲時儀式的齋戒行為，若從客觀的比較宗教學

理論而言，是富有很多方面的意義。首先齋戒可以說是屬於英國象徵派人類學家維多·透納（Victor Turner）所稱的「中介性儀式」（liminoid ritual）的一種。所謂中介性儀式是指企圖把世俗的事務與神聖的境域分隔開來所做的禮儀，是一種分隔兩個不同境界或領域的儀式，所以又稱為模稜兩可的儀式（ritual of betwist-and-between）。如前文所說的，在祈求平安所舉行的「醮」，那是很神聖而潔淨的，人們唯恐平時世俗的事務汙染做醮的神聖性質，所以特地在醮期前三天或五天安排齋戒，以便與前面平常的日子分隔開來，而齋戒期中無論個人或社群的禁屠都象徵有異於平時的生活，一種既非前者又非後者的中介或模稜兩可的狀態，並企圖藉這一狀態以保證神聖儀式的順利完滿。實際上，這一類的中介儀式，也會有開啟新階段的意義在內：我們中國古代有所謂寒食節，寒食節通常開始於清明的前三天，屆時大家都不得生火煮熟食，只能吃生冷的東西，等到寒食一過，才由官方重燃新火，這也就是象徵一年中春季耕耘時節的開始，而在這開始之前的禁火生食就是一種中介儀式，企圖擺脫過去的日子，重新開啟新的季節。

神聖儀式

所謂神聖的儀式就是與超自然界相關的儀式，超自然界不同於自然世界，也有別於日常生活的世俗世界，這種自然與世俗之外的存在，因為其獨特與神祕，所以經常被目為是「神聖

的」（sacred）。與超自然界進行溝通的儀式可以說是儀式的正宗，在宗教領域中無時不有之，教堂的禮拜彌撒、寺廟中祭儀廟會等等，都是與神靈溝通的儀式。然而在變遷極為快速急遽的現代社會裡，有兩類儀式最為流行，其一是功利現實主義的囂張作祟，因而產生企圖以巫術與幻覺謀求物質生活進一步滿足與解決所舉行的儀式；另一種則因現代社會追求物慾與權力所產生的危機感，乃促成對人生意義與終極關懷為追尋目標的儀式。這兩種目標恰好完全相反的儀式，在現代社會中都熱烈舉行，而形成所謂「虔信宗教」（Pietism）或狂熱宗教的趨勢。而在今日的臺灣，這兩類虔信宗教式的儀式，也相當流行，成為現代臺灣宗教現象的主流。屬於前者的巫術性儀式，前述的神媒童乩是最典型的例子，而後者尋求終極關懷的虔信教派則以一貫道及「恩主公崇拜」等為代表。

關於童乩的作法，我們在上節已作討論，這裡擬再對童乩的儀式作進一步敘述。

在臺灣，童乩的作法可分為團體和私人的儀式兩類。團體的儀式是在廟神誕辰或村中賽會時舉行，這時童乩扮演相當戲劇性的角色，他首先進入恍惚狀態，並表演毀損自己身體的「特技」，用刀劍砍擊自己的身體，有時至於流血滿身，這是用以顯示其有神力的護守，同時又護衛著神的轎子，巡視其「管轄」區域的境界，以保證整個社區內的平安清淨，換言之，在這種儀式中之童乩是以社區保護神的替身而發揮其功能的。至於在私人儀式中童乩則是應付村民或附近居民之邀請為之治療疾病、

解決各種疑難困惑，甚至問運途卜吉凶、求錢財找失物等，這時童乩所扮演的角色則完全是滿足個人的心理與物質需要而存在。

在傳統的時代裡，童乩所發揮的功能大致可以說團體與個人儀式並重，或者更確切地說，團體的儀式甚而是比較受重視，個人的儀式則被看作是一種附帶性的，一種兼業而服務性的，其服務的範圍也大都以「管轄區域」內的居民為限。可是，自從工業化的步驟逐漸加緊，社會關係逐漸分歧複雜化之後，童乩的兩種功能遂有漸被倒轉過來的趨勢，也就是說，童乩的個人儀式逐漸盛行起來：原來在鄉村中只是兼業而純服務性質的童乩，逐漸發展成為專業而規定收費的民俗治療者（folk healer），原來服務範圍只限於自己的村落，如今已擴大而遠遠超過村際，以至於經常有「出診」的活動；在城市裡，從前童乩的活動遠較鄉村裡不普遍，因為城市裡的團體儀式較不重要，如今則因個人儀式的盛行，城市裡的童乩也就逐漸普遍起來，甚而有凌駕鄉村之勢。

童乩之團體與個人儀式的這種改變趨勢，可以看作是適應社會變遷的一種功能轉換，換而言之，也就是宗教儀式的整合功能（integrative function）與滿足個人需要的生存功能（existential function）的相互轉換。在傳統的社會裡，人際關係單純而穩定，個人的挫折與物慾的追求較不激烈，因此宗教儀式表現出整合和生存兩種功能的均衡發揮。但是在步入急遽的工業化社會之後，人際關係轉趨複雜、機械與疏離，而物質追

求的不斷升高以及競爭的激烈化，使得滿足種種心理需要的個人儀式就發揮了它最大的功能。童乩個人儀式的繁複舉行，可以說就是像前文所說的功利主義之儀式行為，企圖藉巫術與超自然的儀式以謀求物質生活的進一步滿足與解決，而這一種趨向在傳統中國的宗教儀式中應該是不足為奇的，因為正如前節所說的，傳統宗教是以超自然系統為主體，而與道德倫理系統多少是分離的，因此在危機的時候，超自然儀式的更為強調，應該是可以理解的。

童乩的團體儀式中很重要的一個項目，就是我們在上文所說的「巡境」的儀式，每年兩次在村落保護神壽誕和升天的慶典時，童乩一定要「發作」起來（也就是進入精神恍惚狀態），然後伴隨著神轎沿著「管轄」區域的邊境巡境，並在境界的東西南北中五個方向插上五色的神旗，這也就是俗稱所謂「五營旗」者。巡境主要的意思是在清掃驅逐境內的鬼魅使之遠離境界，插旗的工作也就是在警告它們這是管轄的界限，不得越境來騷擾，自此在插旗之時，童乩要同時作法安符，以表示驅魔法術的發揮。每月初二、十六的例行「犒軍」儀式中，童乩仍要作一番巡視，看看黑色的神旗是否完整無損。這種特別強調境界疆域的完整以及境界內的清潔純淨，也可以從童乩作法時毀傷自己的身體以至於流血的舉動得到支持。童乩毀傷流血的舉動在外顯的意義上可以看作是顯示神力附體，唯其內在的意義仍在「血」本身的象徵意義，血用來作「血符」（bloody charm），其作為滌除不潔的鬼魅也是很重要的。總之，童乩舉行

團體儀式時表現在肯定社群區域的界限，滌除內在的不潔是有其重要的象徵意義，這也就是英國人類學家瑪麗・道格拉斯所說的「社會衛生學的儀式」（ritual of hygiene），也就是藉儀式的行為以消除人們心目中存在於社區的不潔與邪惡。

可是藉儀式以清除不潔實際上也是童乩在為人治病時所舉行的個人儀式中所常見的。童乩的為人治病是現代醫學人類學上所謂的「社會文化治療」（socio-cultural therapy），因此其治療的對象並非著重於病理上的「疾病」（disease），而是著重於文化層次上的「患病」（illness）。童乩治療「患病」所採用的手段以及他對「患病」的解釋也很偏重於清除內在不潔的象徵手法。童乩治病時經常解釋某些超自然物的進入身體內或附著身體上是主要致病之因，所以他治療的主要方法就是把這些「異物」或「骯髒」之物滌除清淨。在如此作治療時，我們可以說他是把人體與社會體作類比（analogy），滌除身體內的不潔就像清掃社區內的鬼魅一樣，或者說驅除社區內的邪惡就如把不潔從身體內滌除一樣，如此則境界內或形體內得以保持清淨，這也就是健康之意。這種把身體與社區看成有界限的類比，同時又把超自然的鬼魅與實質的不潔相類比，並非童乩治病時所特有，而是許多民俗信仰中常出現的觀念，我們在前面談論汙染時已有詳細說明。總之，童乩的個人儀式在儀式象徵上所運用的原則與團體儀式所用者實際上是完全相同的，這也就是說，在不同的境遇之下，童乩的儀式雖可用以發揮不同的功能，但是在不同功能之下，其所運用的儀式象徵的內在原則卻是始終不變的。

虔信教派

在急遽變遷的過程中，另一類要加以探討的宗教現象是許多「虔信教派」或「新興宗教」的相繼出現。在諸多傳統的虔信教派中本文特別要提出來分析的有一貫道和「恩主公崇拜叢」兩類。這兩類虔信教派有其相似之處，也就是著重於藉宗教儀式的力量以重振傳統倫理道德，但兩者亦有其相異之處，可以說代表兩個不同類型的組織形式。

茲先討論一貫道。一貫道在臺灣一向是頗受非議的宗派，多年來一直有很多謠傳和謗議加諸他們身上，只有到最近幾年來，事情才稍有澄清並予解禁。一貫道於1946年前後自大陸傳來臺灣，它是一個具有歷史性、祕密宗教色彩甚濃的教派，所以在教義上和組織上多少與這類祕密宗教有類似之處，但在儀式上則有其獨特的地方。一貫道的拜神祭儀非常形式化，企圖藉隆重繁複的形式以表達其內心之虔敬。不必說重要的祭儀極為繁瑣，即使早晚兩次的獻供禮拜，也要行三跪九叩的大禮。更重要的是參與典禮者非常注意保持儀容的整潔，他們必須衣服潔淨；隆重禮儀之舉行，則均換上白色或藍色長袍，行為謹慎而拘謹，一舉一動好像是怕受外界的汙染一樣。其他儀式行為上，一貫道的信徒且有改革一般民間信仰儀式的趨勢，他們在祭神之時，除去燒香外，極力主張廢除燒金銀紙，不准供奉魚肉葷腥，不准設賽錢箱，沒有籤筒供人問卜抽籤，不用符咒為人治病驅邪。最近若干年來，很多流派且都廢除在從前佔很

重要地位的扶乩飛鸞的儀式,而大部分的信徒都長年茹素吃齋,謹慎保持內在的潔淨;有些教派在飲食儀式上也很有特殊規範,有一件很有趣的事是在行政當局提倡餐桌禮貌中用「公筷母匙」之前,一貫道的「道親」們卻早已採用「公筷」的制度了。總之,一貫道的儀式是在藉這些外在形體上的潔淨以保證傳統倫理道德的復振。

另一道德復振趨向的虔信教派是所謂「恩主公崇拜叢」。稱它為崇拜叢（worship complex）有二層原因:其一是因為他們所崇拜的「恩主公」並非是單一的神,而是有時三個有時五個神所構成;其二是在組織上,崇拜恩主公的廟宇並不是像一貫道一樣形成有系統的組織,而是每一個廟宇自成一獨立單位,其信徒亦如一般俗廟的信徒一樣自來自往,並不需入教受戒的手續。換而言之,恩主公崇拜叢並不構成一個制度化的教派,而是由他們在崇拜儀式上的共同特色,所以合稱之為「恩主公崇拜叢」。恩主公崇拜叢因為不是一個有系統組織的教派,所以信徒總數不可能作一估計,只有從供奉恩主公的廟宇來計算,目前臺灣地區大約有410座左右供奉不同恩主公的廟宇,約佔全省廟宇的百分之七強。

恩主公崇拜叢和一貫道相同之處是在於企圖藉儀式的方法以重振傳統倫理道德,但在經典研讀的層次上似較一貫道為低,偏向於較通俗的經典,儒家及道教的典籍已不常出現,而扶乩所得的鸞文訓諭則更為通行。事實上,各恩主公廟常將鸞文大量印成小冊或集子,廣為流傳,這也就是一般所謂「善書」的

一種。有若干恩主公廟專門以出版善書為主要工作，印行的各種通俗經典勸善讀物流通至廣，很多信徒也以能捐錢出版善書即是一種積德的行為，這是恩主公崇拜叢信徒的特色之一。此外在儀式上恩主公廟仍有許多滿足信徒的巫術儀式，這些包括「收驚」、「解運」、「補運」、「祭關限」、「拜斗」、「分神」以至於供香灰給病人服用等等，這些可以說仍然不脫民俗信仰滿足功利主義的儀式型態。

但是恩主公崇拜卻也有和一貫道很類似的特色，那就是對民俗儀式改革的趨勢：恩主公廟裡禁止供奉葷牲，不燒冥紙，不接受香火錢或緣金，所有在廟裡服務的人員都要穿上藍色的袍褂，盡力保持形體的整齊與潔淨；實際上，這一潔淨的得體，不僅是個人而已，而是包括寺廟本身及其周圍，例如臺北市最著名的行天宮及其連鎖恩主公廟群，就是這種盡力保持形體潔淨的例子，凡是參觀過該廟的人第一個印象就是感到其乾淨到一塵不染的程度。這又是一種藉外在形式的整齊以象徵內在的潔淨，而這種內在的純淨，其實質的目的卻又是對倫理道德提升的保證。

儀式與文化法則

一貫道與恩主公崇拜叢都是以重振傳統倫理道德為號召的虔信教派，其興盛與普遍可以看作是對社會變遷的另一種儀式的回應，這種回應不似前述童乩儀式的直接滿足個人心理的需

求，而是對無限物慾追求所引起的種種道德淪喪與社會規範廢弛的積極回應。對這些虔信教派而言，也許他們很能體會傳統信仰的特性，因而有意識的企圖將倫理道德系統引入超自然系統之中，藉此以挽救現代化過程中的社會危機。這一方式的回應，從另一角度看，又很類似美國人類學家 Robert Bellah 所說的是一種對現代社會物質生活的失望，進而尋求精神領域的完滿與人生終極的意義之儀式表現，這種表現恰好與童乩儀式形成兩種完全相反的回應方式，後者是表現於物質生活的進一步滿足，前者則著重於精神生活的均衡。

但是，無論一貫道與恩主公崇拜叢兩種道德重振教派在組織型態上或對儀式的改革上有何差異，無論道德重振教派或功利主義的童乩儀式在追求的目標上有何不同，然而從儀式象徵的立場上看，各種儀式卻也有其共通之處，那就是他們採用的象徵邏輯是同一的。就如我們在前文所討論的，童乩的作法不論是團體的儀式或個人的儀式，他們都很注重一個有界限的領域內——社區或有機體的整潔與純淨，所以他們法術的目的就在驅除境域內的不潔或邪惡，以保證其平靜與健康。對於道德復振教派的人，不論是一貫道或恩主公崇拜叢，他們也同樣地強調形體的潔淨，這個形體可以是人的身體，也可以是崇拜的寺廟，在這個界限內維持其潔淨是儀式重心之所寄。不過，在這裡我們也許可以說，道德復振教派的人他們整潔儀容，穿著素淨的袍褂以進行儀式，他們齋戒並對飲食規則小心謹慎，應該是一種消極的手法，也就是以「預防」的方式以保持形體內

的潔淨純一。至於在童乩的儀式中,他們的手法則偏向於積極的,也就是以行動的方式企圖掃除形體或領域內的不潔。但是,無論是消極的或積極的手法,其目的都在維持形體或領域內的潔淨均衡,他們藉維持界限內的健康以作為他們對社會變遷所產生危機的適應,這就是一種儀式,不僅是一種瑪麗・道格拉斯所說的社會衛生學的儀式,而且是一種以中國文化主要價值趨向為依據而發展出來的儀式。就如我們在第二十章中所討論的,中國文化的宇宙觀與基礎價值所在,是企圖維持個人身體、自然界與超自然界之間的和諧均衡,所以不論童乩或虔信教派所做的儀式,他們所關懷的不外是個人身體與社區境界,以至於寺廟環境等等的整潔與純淨,這也正是維持和諧均衡的重要因素。

　　總結而言,在宗教領域中佔重要地位的儀式,實際上僅可說是一種象徵性的行動,其所表現的種種多樣性的外表現象,有時甚至可以到乖張不可思議的程度,唯其本身並不真正代表什麼意義,它的真正意義卻在表達一種願望、一種企圖、一種對人生意義甚至終極關懷的追尋,而且不論其所欲表達之目標如何,儀式的象徵邏輯都離不開內在的文化法則,而中國式的儀式也只有在中國文化的基礎法則中去尋求解釋與理解。瞭解了儀式的內在意義,我們也許就不必太重視於他們的奇異行為,而給予某種程度的容忍與理解。

結語

我們在本書一開始的第三章討論文化的累積時曾談到一則故事，那就是野生的麥子被人類栽培為家生麥子的事。野生的麥子在成熟時會自動掉落於地，並隨風飄散於各地，這種特性是在自然狀態下有利於麥種的繁殖。但是自從變成家生的麥子以後，成熟後結穗就不會自動脫落，這才適於人類的收成。可是，對麥子本身而言，這就不適於自我繁殖了，完全依賴於人類為它育種栽培，這種依賴人工的培育，就是「家生」的意思，也就是「文化」的意涵。人類從人猿共祖的階段脫離以後，實際上也像野生麥子變為家生麥子一樣，脫離了自然的狀態，因為人類從這時候開始有了文化，一切都因之依賴文化，不再完全依生物的本性而發展了。不過人類與麥子不同，麥子有人類可以改良栽培它，人類則沒有另外的「主人」做他的「保母」（這也許是人類為什麼希望有神來保佑他的下意識因素），人類只有文化，而文化又是他自己發明的，所以人類只有用自己發明的文化來培育教養自己，自己把自己教化起來，這也正是古代經典上所說的「人文化成」的意義。「觀乎人文，以化成天下」，其意義在鼓勵我們發揮人文素養，提升道德精神，發揚藝術精神與創造，並進而以這些人文的成就，來教導我們自己，轉化世俗，使成為有文明而尊重人性的種族。

在現代的社會，人類以文化培育自己的意義，更不只是在上述長遠進化的整體意義，同時也有族群間相互比賽競爭的涵義。在

當今的世界裡,各個國家各個民族都在努力發展他們的文化,包括科技的文化、社群的文化和精神的文化,希望能因此出類拔萃成為優良而成功的族群、超越別人的族群。其實這也還是像麥子一樣,同一種家生的小麥中,也還有品種不同的族群,哪一種最優秀、最適合人類的需要,哪一種就得以繁殖,其他的則依優勝劣敗的原則被淘汰了。在競爭激烈的情況下,我們人類的各個族群體,也都需要努力栽培我們自己,用文化來教養培育我們,使成為優秀的一群,才能在這世界裡有立足的地位,才不會被淘汰出局,而成為失敗的族群。這就是我們要探討並發揮文化力量的主要原因,也是作者撰寫本書的內在動機。

從另一層次而言,我們目前正處於經濟發展的時期,雖然已相當程度跨過發展中國家的狀態,但距離真正已開發國家的程度尚遠,這正是應該回首對自己文化水準作一評估的時候,特別是財富的累積已形成,但是否能有文化的素養來消費這些財富,多餘的財富是否用得恰當,是否花得有尊嚴,或者會真正像我們在本書各章節所說的,大部分民眾都仍然不具消費財富的素養,處處表現出暴發戶的心態?我想此時此地仍然不算太遲,假如我們能努力追尋更高、更合乎現代需要的文化修養,將來在進入已開發國家的階段時,我們仍然可以是一個具有高度文化素養的民族,而且可以表現出我們自己固有的文化特色。

從文化本身而言,我們自己擁有一個源遠流長而內涵極為豐富的文化傳統,在世界許多文化傳統中是極具特色的一支,其間值得欣賞、值得發揮的成分很多。但是一個長遠發展的文化傳統總不

免有其包袱負擔，特別是面臨西方文化以強大的氣勢加諸於全世界之時，整個局面都變了，這個時候我們必須有所適應，也應有所選擇，哪一些文化特質是最有利於我們，哪一些是不利於我們競爭生存下去的，這是我們最應慎重從事之處。其實，比起別的民族來說，我們應該還算是幸運的，我們雖然在拋棄若干傳統的文化之時受到痛苦、災難，但是無論如何我們文化傳統的庫藏仍然豐富，可供選擇適應的因素還是很多樣化，在未來的競爭中我們可接受許多西方的文化特質，可是我們還有許多傳統的資料可供採擇而加與富麗，只有在現代西方的文化架構上，再加上我們自己特有的文化特質，我們才能不同於西方，才能有勝過西方的機會，否則永遠在背後追趕別人，就沒有超越的可能，那樣的狀況就很可悲了。

這本有關「文化與修養」的小書，就是在上述的理念之下書寫出來的。首先，我們在第一篇中說明文化的意義及其一般的性質，希望藉此使讀者瞭解文化的概念，同時更重要的是要使讀者有一個文化的世界觀，瞭解人類文化的普同性、共通面，以及其分殊面與個別面，並從文化相對性的立場上去闡述，期望藉此消弭文化的偏見與刻板印象，通過文化特殊性的瞭解，盼望種族的歧視能夠減低至最少的程度，而對別人的文化習俗不僅能理解、容忍，甚至能欣賞與讚揚。

但是本書最主要的部分，仍然在探討文化的實質內涵，藉由文化人類學的分類方法，我們把文化剖析為三大部分：物質或科技文化、倫理或社群文化以及表達或精神文化，並依這三群文化類別，一一探討其細部的內涵，其目標一方面在比較種種文化差異，

但另一方面又藉這差異的比較襯托出我們自己文化傳統的特性及隱憂與困境，希望由於這樣的探討與分析，提供讀者一面文化的鏡子，可以用來看出自己的文化面目，並因而能加以修飾，顯出更合乎現代生活的文化修養。

1994 年 3 月 6 日 完稿

臺北近郊 南港 中央研究院

建議參考書目

李亦園
《信仰與文化》，臺北巨流出版公司，民國 67 年。(註)
《人類學與現代社會》，臺北水牛出版社，民國 77 年。(註)
《文化的圖像》（上下兩冊），臺北允晨文化公司，民國 81 年。

金耀基
《中國社會與文化》，香港牛津大學出版社，民國 81 年。

陳其南
《文化的軌跡》（上下兩冊），臺北允晨文化公司，民國 76 年。

莊英章 編
《文化人類學》（上下兩冊），空中大學印行，民國 80 年。

張光直
《考古人類學隨筆》，臺北聯經出版公司，民國 84 年。

張瑞德 譯、許烺光 著
《文化人類學社論》，臺北聯經出版公司，民國 68 年。

張灝
《幽暗意識與民主傳統》，臺北聯經出版公司，民國 78 年。

楊國樞
《中國人的心理蛻變》，臺北桂冠圖書公司，民國 76 年。

註釋：已於 2010 年由 Airiti Press 重新出版。

國家圖書館出版品預行編目資料

文化與修養 / 李亦園著.
 初版.-- 臺北縣永和市：Airiti Press, 2010.10
　面；　公分
 參考書目：面

 ISBN 978-986-6286-10-0 （平裝）
 1.文化人類學

541.3　　　　　　　　　　　　99002307

文化與修養

作者／李亦園	發行者／Airiti Press Inc.
總編輯／張芸	地址／臺北縣永和市成功路一段80號18樓
責任編輯／古曉凌	電話／(02)2926-6006
封面設計／吳雅瑜	傳真／(02)2231-7711
校對／張安怡	Email／press@airiti.com
法律顧問／立暘法律事務所 歐宇倫律師	帳戶／華藝數位股份有限公司
	銀行／玉山銀行埔墘分行
	帳號／0174440019696

ISBN／978-986-6286-10-0
出版日期／2010年10月初版（本書在此之前由幼獅文化出版）
定價／新台幣NT$ 420 元

©Airiti Press Inc. 版權所有・翻印必究